man zugleich den Rückgrat herausnimmt, und bratet sie in Butter, doch so, daß sie nicht hart werden. Auf diese Weise kann man auch geräucherte Marenen braten.

61. Bücklinge oder geräucherte Marenen mit Rührei.

Man zieht den Fischen die Haut ab und pflückt sie klein. Man klopft die Eier durch einander, vermischt sie mit ein wenig süßem Schmand und etwas Salz, läßt Butter in einer Pfanne zergehen, schüttet die Eier [illegible] rührt sie um, bis sie gerinnen, und [illegible] sie nun über die Fische an, oder brat[illegible] nur ein wenig in Butter und schüttet si[illegible] die Eier, die man alsdenn mit den [illegible] durchrührt.

Von Beetenbartsch bis Schmandschinken

Margarete Haslinger · Ruth Maria Wagner

Von Beetenbartsch bis Schmandschinken

Rezepte aus der guten ostpreußischen Küche

Verlag Gerhard Rautenberg · Leer (Ostfriesl)

Umschlagzeichnung und Vignetten Bärbel Müller
Herstellung Druckerei Gerhard Rautenberg, 295 Leer
Einband Großbuchbinderei Kuhlmann, 29 Oldenburg
ISBN - 3 - 7921 - 0087 - 8

1. Auflage 1972 1.– 5. Tausend
2. Auflage 1974 6.–10. Tausend

Bequem gesäte on langsam gegäte
man glowt nich
wat man verdroage kann

In den alten Volksweisheiten steckt oft ein wahrer Kern. So ist es auch mit diesem Wort, das im fernen Ostpreußen geprägt wurde. Man mag uns einreden wollen, es sei unserer Zeit angemessen, so eben im Vorübergehn ein Würstchen, einen Teller Erbsensuppe oder ein belegtes Brötchen im Stehen hinunterzuschlingen — was auf der anderen Seite an nervösen Magenleiden und allerlei Stoffwechselkrankheiten auf diese Art des Essens zurückzuführen ist, läßt sich nur vermuten. Und wenn im Schnellrestaurant oder in der Werkskantine hinter jedem Tischgast schon der nächste wartet, um dessen Platz einzunehmen, dann soll uns keiner einreden, das sei die ideale Art zu speisen.
Wir leben zwar nicht nur, um zu essen, aber wir essen, um zu leben. Die Vorgänge in unserem Körper sind höchst kompliziert und auch durch die moderne Wissenschaft noch keineswegs bis in die letzten Einzelheiten erforscht. Fest steht jedenfalls, daß durch die Vorfreude auf ein leckeres Mahl in friedlicher Atmosphäre und durch den Duft vertrauter Speisen bereits die Körperfunktionen angeregt werden, die uns später helfen, das Essen auch richtig zu verwerten, das heißt, in Energie und Wohlbefinden umzusetzen.

Jeder von uns hat Kindheitserinnerungen, die sich auf bestimmte Speisen beziehen, auf ihren Wohlgeschmack, auf ihren Duft. Und selbst Menschen, von denen man meint, sie seien über solche irdischen Genüsse erhaben, läuft das Wasser im Munde zusammen, wenn sie nur den Namen eines Lieblingsgerichtes hören, das mit der Erinnerung an unvergeßliche Stunden zu Hause verbunden ist.
Ein Meister der französischen Küche, Edouard de Pomiane, berich-

tete einmal, daß seine Eltern, gebürtige Polen, die in Paris lebten und sehr arm waren, sonntags zum Essen Landsleute einluden: „Mein Vater bereitete ein Gericht aus unserer Heimat. Meine Eltern und ihre Freunde aßen es und ... weinten. Der Anblick, der Duft, der Geschmack des Nationalgerichts erinnerte alle an die ferne, unglückliche Heimat. Da verstand ich, daß man in einem Gericht nicht nur die Nahrung finden kann, sondern auch Empfindung, ja sogar Poesie ..."

Wer wollte es uns Ostpreußen verübeln, wenn wir ähnlich empfinden? Die Freude an den handfesten Genüssen des Lebens haben wir nun einmal von zu Hause mitbekommen, die Freude am Festefeiern, am Essen und Trinken in geselliger Runde. Und selbst wenn das Geld knapp war – Mutter wußte eigentlich immer etwas Gutes auf den Tisch zu zaubern. Oder empfanden wir es nur so, weil wir gewohnt waren, uns auch zu bescheiden?

Ja, und nun müssen wir wohl erklären, warum wir meinen, daß neben den unzähligen Kochbüchern noch ein weiteres Buch der ostpreußischen Küche notwendig geworden ist. Wenn eine Familie in ein fernes Land zieht, dann nimmt sie neben vielen Gewohnheiten des Alltags auch den liebgewordenen Speisezettel mit. Und sie wird auch in der neuen Umgebung, unter neuen Lebensbedingungen, versuchen, vertraute Speisen auf den Tisch zu bringen, ebenso wie die Sprache der Heimat im Familienkreis weiterlebt. Und selbst die Kinder, die später schon in der neuen Umgebung heimisch geworden sind, die Menschen aus dieser Umwelt als Ehepartner wählen, werden noch manches aus diesem Bereich mitnehmen und weiter pflegen.

So ging es einst den Siedlern, den Kolonisten, den Kaufleuten, die in unser Ostpreußen kamen von überall her im Abendland. Sie brachten mit, was ihnen lieb und teuer war, und über viele Jahrzehnte und über Generationen hinweg blieb ihre Herkunft unverkennbar. Die Emigranten um des Glaubens willen kamen hinzu, die in das Land Preußen kamen, weil ihnen dort Toleranz winkte – und auch sie behielten die Sitten bei, die sie aus ihrer fernen Heimat in das Land im Osten gebracht hatten.

So ist die ostpreußische Küche, wenn man sie näher kennenlernt, eigentlich von erstaunlicher Vielfalt. Alle deutschen Stämme, viele europäische Länder haben das Ihre beigesteuert – und die Nachbarn jenseits der Grenzen nicht minder. Dabei hat sich vielleicht am meisten das bewährt, was mit dem Klima und den Lebensbedingungen in jener östlichsten deutschen Provinz zusammenhing: leichte, kühle und frische Gerichte für den kurzen, aber heißen und arbeitsreichen Sommer; deftige, schwere und gehaltvolle Speisen für die kalte Jahreszeit, die vom Herbst bis spät ins Frühjahr reichte, und die vor allem die Zeit der Feste war – vom Erntedankfest bis zu Pfingsten – aber auch der Zusammenkünfte der Verwandten und Bekannten von nah und fern, der Hochzeiten, der Taufen und der Beerdigungen. Wenn man nach langer Zeit sich wieder zusammenfand, wenn über Tage und Nächte hinweg alles in fröhlicher Runde beisammen war – dann mußte doch auch das Essen und nicht minder das Trinken gepflegt werden!

Dieses Kochbuch hat den Vorzug, aus der Praxis entstanden zu sein. Wir haben es uns zur Aufgabe gemacht, die heimatlichen Speisen auf der Frauenseite der Wochenzeitung Das Ostpreußenblatt den Leserinnen (und Lesern!) zu vermitteln. Im Laufe der Jahre gab es ein lebendiges Hin und Her – die Leser schrieben, fragten an – Das Ostpreußenblatt antwortete. Wir stellten dies und jenes zur Diskussion, und die Leserinnen (und Leser!) schrieben, packten aus, was sie im Schatz ihrer Erinnerungen bewahrt hatten.

Und dann schrieben uns immer mehr aus dem Leserkreis, sie hätten alles das im Laufe der Jahre ausgeschnitten und aufbewahrt, aber es wäre doch schön, wenn all die alten Rezepte aus Mutters und Großmutters Küche einmal in einem Buch zusammengefaßt werden könnten. Und wir dachten: Warum eigentlich nicht? Und sammelten und sichteten...

So entstand dies Kochbuch heimatlicher Spezialitäten. Wir können es mit gutem Gewissen als eine Gemeinschaftsarbeit bezeichnen, zu der viele, viele ostpreußische Frauen beigetragen haben, was sie selbst von zu Hause mitbrachten.

Und wir würden uns freuen, wenn dieses Buch nun uns allen als ein unentbehrliches Nachschlagewerk ermöglichen würde, die gute, die vorzügliche ostpreußische Küche über Generationen zu erhalten und weiterzugeben, als einen Teil der Tradition, die wir auf unseren Lebensweg mitbekommen haben – als das unvergeßliche Erbe eines unvergeßlichen Landes.

Margarete Haslinger — Ruth Maria Wagner

Ein Wort zuvor

Bekennen wir es gleich: Bei so manchem der Rezepte sind uns auch Bedenken gekommen angesichts der verschwenderischen Fülle der Zutaten. An dem geliebten sauren Schmand, an Butter und Eiern wurde wirklich nicht gespart. Kann man es verantworten, solche Rezepte noch heute zu veröffentlichen? Müßte man nicht wenigstens die Menge dieser Zutaten halbieren?

Gewiß, die Gerichte, die wir auf diesen Seiten zusammengestellt haben, waren für Menschen bestimmt, die in der Mehrzahl schwerer körperlicher Arbeit nachgingen, die gewohnt waren, lange Strecken Weges zu Fuß zurückzulegen, und das oft bei einer Witterung, bei der man einen Hund nicht hinausjagen würde!

Und ein zweites: Die meisten dieser Rezepte sind für Festtage bestimmt, entweder für den Sonntag, an dem man gern und gut zu essen pflegte, oder für die großen Jahresfeste (die auch immer kulinarische Höhepunkte waren), oder für Familienfeste, für die man bei uns zu Hause immer einen Anlaß fand. Die Rezepte für die Festtagsgerichte – das war es, was die junge Hausfrau in das ererbte Kochbuch notierte; die einfachen Speisen des Alltags waren es ihr im allgemeinen nicht wert, aufgezeichnet zu werden – obwohl auch sie zwar mit der erforderlichen Sparsamkeit, aber auch mit aller Sorgfalt zubereitet wurden (siehe unsere Kartoffelgerichte).

Wir haben nun lange überlegt, ob wir die Originalrezepte aufzeichnen oder sie gleich in dem ‚Kalorienbewußtsein' unserer Tage neu fassen sollten. Und wir kamen zu dem Schluß: Wir bringen die Rezepte so, wie sie überliefert wurden. Bei einer festlichen Tafel fragt ohnehin kaum einer nach Kalorien, und der Überschuß, den man mit Genuß zu sich genommen hat, läßt sich leicht durch schmalere Mahlzeiten vorher oder nachher ausgleichen. Außerdem weiß jede Hausfrau am besten, was sie ihrer Familie und ihren Tischgästen zumuten kann; sie kann leicht hier die Majonäse durch Quark strecken oder ersetzen, da einen Löffel Butter einsparen oder die Mehlschwitze durch etwas angerührtes Mehl oder Stärkemehl ersetzen. Sie wird durch Abschmecken und Würzen doch den typisch ostpreußischen Geschmack erreichen können.

Daß Glumse unsere liebevolle Bezeichnung für den heute wieder hochgeschätzten Quark ist, werden Sie sicher wissen, ebenso, daß wir mit dem Wort Schmand die süße oder saure Sahne bezeichnen, von der schon wenige Löffel voll einer Speise den ‚runden' Geschmack geben, den wir so schätzen. Und wenn wir ‚Mostrich' sagen, dann meinen wir natürlich den Senf. Aber was wir Ihnen noch sagen sollten: Wenn wir von einem Eßlöffel Butter sprechen, dann meinen wir immer einen gestrichenen Eßlöffel voll, ebenso ist es bei Mehl und anderen Zutaten.

Das Salz, von dem unerfahrene Hausfrauen meinen, es genüge als Würze für jede Speise, haben wir nur ausnahmsweise in den Rezepten erwähnt. Salzen Sie also nach Erfahrung und Fingerspitzengefühl. Aber denken Sie daran, daß es eine lange Reihe von Gewürzen in der guten ostpreußischen Küche gibt, allen voran den Majoran, die vor dem Salz dazu bestimmt sind, die Gerichte schmackhafter und bekömmlicher zu machen. Auch die frischen, grünen Kräuter gehören dazu.

Wenn wir bei Soßen, Fleischgerichten oder Fisch von Brühe sprechen, dann meinen wir damit entweder das Wasser, in dem

Abfälle, Reste, Knochen oder Fischabfälle ausgekocht wurden, oder wir nehmen Brühwürfel, Gekörnte Brühe oder Fleischextrakt dazu. Jede erfahrene Hausfrau weiß damit umzugehen, jede junge sollte versuchen, es bald zu lernen.

Viele Gerichte der ostpreußischen Küche haben ihren besonderen Geschmack daher, daß sie süß-sauer gewürzt werden. Die angegebenen Zutaten bei diesen Rezepten liegen etwa auf der Mitte; manche mögen es milder, manche schärfer. Also: würzen Sie zunächst mit Vorsicht, werden Sie mutiger, wenn Sie merken, Ihre Tischgäste mögen den Geschmack!

Uns hat es Freude gemacht, die Rezepte aus der guten ostpreußischen Küche für Sie zusammenzustellen. Die gleiche Freude wünschen wir Ihnen, wenn Sie dies Kochbuch zur Hand nehmen — und wenn Sie den Deckel von der Terrine nehmen, den Braten anschneiden, den Kuchen auflegen, die Gläser füllen und darauf warten, daß Ihre Tischgäste sagen: „Das schmeckt ja großartig!"

Zehn leckere Kapitel

Von der Kunst einen guten Eintopf zu kochen

Diese Kunst war weit verbreitet im Ostpreußenland. Der nahrhafte Suppentopf ist eine der ursprünglichsten und einfachsten Formen der Kochkunst. Aber es gehört schon einiges Wissen und Können dazu und eine glückliche Hand, um die Zutaten aufeinander abzustimmen und schmackhaft zu würzen. Die Männer jedenfalls, die seit altersher für einen guten Eintopf schwärmen, beurteilen die Kochkunst der Hausfrau eher nach diesen Gerichten als nach raffinierten Menüs.

Kräftig und deftig mußten die Suppentöpfe sein nach Geschmack und Gehalt, wenn die hungrigen Tischgäste vom Feld kamen. Aber auch in Königsberg gab es Lokale, die wegen ihrer Löffelerbsen mit Speck berühmt waren, und selbst große Restaurants mit internationaler Speisekarte rechneten es sich zur Ehre an, ihren Gästen kräftige Suppentöpfe als Spezialität anzubieten.

Viele Erinnerungen sind mit diesen Gerichten verknüpft. Der Junge, der die duftende Suppe im Paartopf aufs Feld brachte, der Jäger oder Treiber, der sich auf einen Schlag Erbsensuppe freute, der junge Mann, der mit den Geschwistern am häuslichen Mittagstisch darauf wartete, daß die Mutter den Deckel von der großen Terrine nahm – sie alle erinnern sich ein Leben lang an den besonderen Geschmack und Duft dieser Gerichte, die für jeden untrennbar verknüpft sind mit dem Land seiner Kindheit – so wie jener Professor im fernen Südafrika, dessen Frau, eine Engländerin, sich so lange um die ostpreußischen Originalrezepte bemühte, von denen ihr Mann immer wieder erzählt hatte, bis sie selbst und ihre schwarze Köchin es gelernt hatten, vom Beetenbartsch bis zum Schmandschinken die ganze Skala der deftigen Gerichte auf den Tisch zu bringen, die er aus fernen Kindertagen über Jahrzehnte hinweg nicht vergessen hatte.

Auch – oder gerade – im Zeitalter der Schnellimbisse, der küchenfertigen Gerichte und der Kalorientabellen gehört ein kräftiger Suppentopf auf den Familientisch. Warum eigentlich nicht am Sonntag? Diese Gerichte sind nicht zimperlich. Sie vertragen es durchaus, am Vortag vorbereitet zu werden, manche, vor allem die Eintöpfe mit Kohl, schmecken sogar aufgewärmt am besten (allerdings sollte das nicht zur Regel werden).

Wenn alle dann erwartungsvoll am Tisch sitzen und Mutter die Terrine auf den Tisch setzt – mmh, wie das duftet! Da kommen auch die Gewürze und Kräutlein zu Ehren, die so typisch sind für die gute ostpreußische Küche – allen voran der Majoran, den wir zärtlich „Mairan“ nennen. Dann das Bohnenkraut (auch Pfefferkraut genannt), Estragon, Liebstöckel, Kümmel und Wacholderbeeren, schließlich die grünen Zauberer Dill, Petersilie und Schnittlauch, die vielleicht in unserem Land einen besonderen Namen hatten, weil die Menschen nach dem langen, harten Winter sehnsüchtig auf das erste Frühlingsgrün aus dem Garten warteten und ihm, vor allem zum Osterfest, geheime Kräfte zuschrieben.

Wir haben es heute einfacher. Es gibt keinen Tag des Jahres, an dem Sie nicht ein Sträußchen Petersilie, einen Kopf Salat, eine frische, grüne Gurke oder ein paar Tomaten erstehen können. Was man aber jeden Tag haben kann, das ist einem nicht so viel wert wie etwas, worauf man lange mit Sehnsucht gewartet hat. Liegt es daran, daß so viele Hausfrauen heute diese Gaben der Natur so vernachlässigen? Je mehr wir uns der Errungenschaften unseres technischen Zeitalters bedienen und vorgefertigte oder küchenfertige Nahrungsmittel in unseren Speiseplan einbauen, desto mehr sollten wir bestrebt sein, durch fein abgestimmte Gewürze und Kräuter, aber auch durch viel Frischobst, die Mängel auszugleichen, die diese Produkte an sich haben. Wenn wir sie zu nutzen verstehen, können diese Errungenschaften unserer Zeit ein wahrer Segen sein. Aber wenn Sie einmal Zeit und Lust haben, etwas Besonderes auf den Tisch zu bringen, dann holen Sie das Rezept für einen der guten alten Eintöpfe hervor und lassen Sie den Kochlöffel in Ihrer Hand zum Zauberstab werden!

Beginnen wir also den bunten Reigen ostpreußischer Spezialitäten, wie im Titel versprochen, mit dem Beetenbartsch, der uns so lieb ist, daß wir den Namen nach alter Weise mit zwei „e" schreiben, auch wenn es heute üblich geworden ist, die roten Knollen mit einem dürftigen „e" abzuspeisen.

‚Preußisches Kochbuch für Frauenzimmer, die Hauswesen und Küche mit möglichst geringer Mühe und Kosten selbst verwalten wollen' – diesen etwas umständlichen, aber klaren Titel hat ein altes, vergilbtes Buch, aus dem wir einige Seiten in diesem Band wiedergeben. Es ist nämlich nicht nur ein preußisches, sondern ein Königsberger Kochbuch, im Jahre 1805 bei Goebbels und Unzer verlegt und von der Verfasserin, die sich nur Juliane Amalie nennt, ihren ‚lieben Schwestern Caroline und Louise' gewidmet.

Das alte Rezept, das wir auf der rechten Seite im Original wiedergeben, würden wir wohl heute als Eintopf bezeichnen. Die Mengen dürften gut und gern für acht bis zehn Tischgäste reichen...

mit Fleischbrühe und etwas weißem Wein verdünnt, klein geschnittene Citronenschalen, Gewürznelken und Zimmet dazu gethan, mit Zukker oder Moskowade versußt, und nachdem es durchgekocht ist, über das Fleisch angerichtet.

115. Kalbssuppe mit einer gefüllten Kalbsbrust.

Man haut die Vorderviertel des Kalbes bis an den Bug ab, zieht die Haut, worin etwas Fleisch bleiben kann, von den Knochen; das an den Knochen gebliebene Fleisch, wozu man auch noch etwas mehr Fleisch nimmt, wird mit Nierentalg, wovon man die Haut abgezogen hat, und mit frischem Speck, welches beides halb so viel, als das Kalbfleisch betragen kann, klein gehackt, man fügt Salz, geriebene Semmel, gepülverte Muskatenblüthe und gehackte Petersilie dazu, vermischt es mit etwas süßem Schmand und ein Paar Eiern, füllt damit die Haut, die man wieder zunäht, macht aus dem übrigen Fleisch Keilchen, kocht alles in der Suppe gar, wozu man auch einige Spargel, Carotten oder Blumenkohl nehmen kann. Man kann auch Krebsbutter und ausgelüftete Krebse hineinlegen, oder die Suppe mit dem Gelben vom Ei abrühren.

116. Kalbfleisch mit Speck und Limonien.

Man schneidet fetten Speck in kleine Würfel; zerstößt ihn, so gut man kann, mit einer

Von der Kunst einen guten Eintopf zu kochen

Beetenbartsch

Vier mittelgroße rote Rüben, 2 Eßl. Essig, 1 kg Rindfleisch, 1 Bund Suppengemüse, 2 Zwiebeln, 2 Eßl. Mehl, 3 Eßl. Essig, Prise Zucker, geriebener Majoran, 1 Lorbeerblatt, 1/8 Liter saurer Schmand.

Die Beeten säubern, gar dämpfen, schälen, reiben oder raffeln, mit Essig und Zucker mischen. Rindfleisch mit Wasser bedekken, leise kochen lassen, nach 60 Min. Suppengemüse, Zwiebeln, Lorbeerblatt hinzufügen, salzen. Wenn Fleisch gar, Brühe durchgießen. Mehl mit etwas Sahne verrühren, Brühe damit binden, mit Zucker, Salz und Majoran würzen, Beeten und das gewürfelte Fleisch hineingeben. Beetenbartsch mit Salzkartoffeln reichen, dazu sauren Schmand.

Masurischer Suppentopf

250 g Zwiebeln, 40 g Schmalz, 1 kg Sauerkraut, 500 g geräuchertes Schweinefleisch, 1 kg Kartoffeln, 2 Eßl. Tomatenmark, 1/4 Liter saurer Schmand, 1 Eßl. Mehl.

Die gewürfelten Zwiebeln im Schmalz dünsten, Mehl überstäuben, mit etwas Wasser ablöschen. Das Fleisch in etwa 1 l Wasser 30 Min. leise kochen lassen, dann die gewürfelten Kartoffeln, den kurzgeschnittenen Sauerkohl und die Zwiebelbrühe dazugeben, zum Schluß das Tomatenmark (oder 250 g abgezogene Tomaten). Noch 30 Min. kochen lassen. Die saure Sahne unterrühren. Fleisch würfeln. Den Suppentopf kräftig abschmecken, Prise Zucker dazu.

Blindhuhn

250 g weiße Bohnen, 375 g durchwachsener Räucherspeck, 250 g grüne Bohnen, 250 g Mohrrüben, 250 g Kartoffeln, 2 große säuerliche Äpfel, 4 kleine Birnen, Pfefferkraut (Bohnenkraut).

Die weißen Bohnen über Nacht in 3/4 l Wasser einweichen, im Weichwasser in etwa 90 Min. weich kochen, in den letzten 30 Min. mit dem Speck die geputzten Gemüse und das Obst (Birnen ganz, Äpfel geschält und gewürfelt) dazugeben. Mit Salz, Suppenwürze, einer Spur Zucker und Pfefferkraut würzig abschmecken. Auch eine in Scheiben geschnittene Kochwurst paßt gut zu diesem sättigenden und wohlschmeckenden Gericht.

Sauerampfersuppe

500 g Rindfleisch (ohne Knochen gewogen), 750 g Sauerampfer, 1 Bund Suppengemüse, 2 Eßl. Mehl, 1/8 Liter saure Sahne (Schmand), etwas Butter, Saft 1/2 Zitrone, Prise Zucker, 2 Eigelb.

Rindfleisch mit gut 1 l warmem Wasser bedecken, leise kochen lassen, nach 60 Minuten das geschnittene Suppengrün dazugeben, salzen. Ist das Fleisch weich, Brühe durch das Sieb gießen, Fleisch würfeln. Sauerampfer waschen, fein hacken, in der Brühe kurz aufkochen lassen (oder einmal kurz aufwallen lassen und durchs Sieb streichen). Evtl. mit 1 feingehackten Blättchen Liebstöckel verfeinern, mit Zitronensaft und Zucker abschmecken. Mehl mit saurem Schmand vorrühren, Suppe damit binden. Vom Feuer nehmen, Fleisch hineingeben, Eigelb mit Sahne verrühren, einen Stich Butter in die Suppe geben. Dazu gehören mehlige Salzkartoffeln. – Etwas leichter wird dieses ostpreußische Frühlingsgericht, wenn es nur mit Fleischbrühe gekocht und mit verlorenen Eiern oder Fleischklößchen zu Tisch gegeben wird.

Bettelmann-Suppe

500 g Rindfleisch (ohne Knochen gewogen), ein großes Bund Suppengemüse, 1 große grob gewürfelte Zwiebel, 250 g geschälte mehlige Kartoffeln, 100 g Graupen, Gewürze, Petersilie, Stich Butter.

Das Fleisch in warmem Wasser aufsetzen, nach etwa einer Stunde Kochzeit die gewürfelten Kartoffeln und Gemüse dazugeben, ebenfalls die Graupen, die vorher etwa zwei Stunden lang in etwas Wasser eingeweicht wurden. Wenn alles gar ist, das Fleisch würfeln, die Suppe würzig abschmecken und mit gehackter Petersilie bestreuen. Auch wenn Sie auf das frische Fleisch verzichten und statt dessen zum Schluß gewürfeltes Rindfleisch aus der Dose hineingeben, ist dieser Suppentopf ein Gericht, das nicht nur dem Bettelmann schmeckt! Vielleicht kommt der Name daher, daß die Graupen seit jeher nicht sonderlich beliebt waren; in dieser Zusammenstellung schmekken sie aber ausgezeichnet.

Frühlings-Suppentopf

750 g Rindfleisch, 1 bis 2 Markknochen, Gemüse nach der Jahreszeit, Gewürze, 500 g Kartoffeln, Petersilie.

Dies Gericht schmeckt am besten mit den ersten jungen Gemüsen aus dem Garten oder vom Markt. Es passen dazu: Mohrrüben (Wurzeln), Kohlrabi, junge Erbsen, Bohnen, Spargel, Blumenkohl und junger Kohl, Sellerie, Petersilienwurzeln, später auch Rosenkohl. Wir rechnen für den Topf etwa 750 g geputztes, zerkleinertes Gemüse. Das Fleisch mit warmem Wasser bedecken. Das Mark aus den Knochen nehmen, Knochen mitkochen. 60 Minuten leise kochen lassen, salzen, Brühe durchsieben, Fleisch würfeln. Das Gemüse in der kochenden Brühe garen, evtl. Kartoffelwürfel mitkochen. Zum Schluß das in Scheiben geschnittene Rindermark einlegen. Dieser Suppentopf schmeckt auch ausgezeichnet mit Reis oder Nudeln, die aber für sich gekocht und in einer Schale zu Tisch gegeben werden sollten.

Wrukensuppe

1 mittelgroße Steckrübe (Wruke), 750 g Suppenfleisch (Schwein, Rind oder Hammel, auch gemischt), 2 Eßl. Schmalz, 2 Eßl. Zucker, Salz, Majoran, Lorbeerblatt.

Das Fleisch mit 1 Liter warmem Wasser bedecken, leise kochen lassen, salzen, nach 60 Minuten Lorbeerblatt, 3 Gewürzkörner und 1 TL Majoran zufügen. Brühe durchgießen. Inzwischen Wruke schälen und würfeln oder stifteln. Schmalz und Zucker in Pfanne unter Rühren braun werden lassen, mit Brühe ablöschen, zusammen mit dem Gemüse wieder zum Kochen bringen. Wir können nach 20 Min. etwa 300 g Kartoffelwürfel mitkochen oder Salzkartoffeln gesondert reichen. Fleisch würfeln und zu den Wruken geben; es paßt auch gut eine Räucherwurst oder Bockwurst dazu. Das Gericht schmeckt vorzüglich auch mit Gänsefleisch. Stellen Sie ein Schälchen gerebelten Majoran und bei fettem Fleisch einen Topf Mostrich auf den Tisch!

Linsen mit Pflaumen

500 g Linsen, 250 g getrocknete Pflaumen, 250 g Blutwurst, eine Portion Suppengemüse, 1 Zwiebel, 1 Eßl. Gänseschmalz, Essig, Zucker, 300 g Kartoffeln.

Linsen verlesen, abspülen, in etwa 1 l Wasser einweichen. Mit der gewürfelten Zwiebel im Einweichwasser langsam zum Kochen bringen, nach einer halben Stunde das kleingeschnittene Suppengemüse hinzufügen. Blutwurst in Stücke schneiden und in der Suppe garziehen lassen. Eingeweichte Backpflaumen für sich in etwas Wasser garen lassen, entsteinen und zur Suppe geben. Das Gericht süßsauer abschmecken. Mit Gänseschmalz verfeinern. Kartoffeln entweder zum Schluß mitkochen oder gesondert servieren.

Erbsen mit Speck

500 g große gelbe Erbsen, 250 g gepökeltes oder geräuchertes Schweinefleisch, 250 g frisches Schweinefleisch, 5 Gewürzkörner, 1 Zwiebel, 500 g Kartoffeln, 1 gehäufter Eßl. Majoran, Pfeffer.

Erbsen abspülen, über Nacht in etwa 1½ l Wasser einweichen, im Einweichwasser mit der gewürfelten Zwiebel und den Gewürzkörnern langsam zum Kochen bringen, Fleisch hineingeben. Bei kleiner Flamme langsam kochen lassen, bis die Erbsen sämig sind. Fleisch herausnehmen und gewürfelt wieder in die Suppe geben, dazu den Majoran. Für Liebhaber von Knoblauch die würzige Knolle ein Weilchen in der Brühe ziehen lassen. Die Kartoffeln entweder in der letzten halben Stunde mitkochen lassen oder als Salzkartoffeln gesondert reichen. Das Gericht mit Salz und frischgemahlenem Pfeffer würzen, sehr heiß zu Tisch bringen. Als Beilagen eignen sich ebenso gut: durchwachsener Räucherspeck, gepökeltes Schweineohr oder Schweineschwänzchen (eine ostpreußische Spezialität), auch Schweinebacke oder Kochwurst.

Ostpreußische Kartoffelsuppe

Ein großes Bund Suppengemüse, 1 kg mehlige Kartoffeln, 750 g geräucherter, durchwachsener Speck oder Pökelnacken, ein Ring Fleischwurst, 1 große Zwiebel, Gewürze, Petersilie, eine Tasse saure Sahne, 1 Teel. Mostrich (Senf).

Diese Suppe ist ein beliebtes Essen für die Manns (Männer). Sie wird wohl überall geschätzt. Aber versuchen Sie einmal die ostpreußische Variante mit Schmand und Mostrich! Die Zwiebel in Scheiben schneiden, in etwas Schmalz leicht anbräunen. Den Speck mit 3/4 Liter Wasser bedecken, etwa 30 Min. leise kochen lassen. Dann die Kartoffeln und das grob geschnittene Suppengemüse mit der Zwiebel, 5 Gewürzkörner und ein Stückchen Lorbeerblatt hinzufügen, später die Kochwurst. Wenn alles gar ist, Kochwurst und Speck herausnehmen, in Scheiben bzw. Würfel schneiden, die Suppe durch ein Sieb rühren, wieder aufkochen lassen, Schmand und Mostrich unterrühren, mit Salz, Pfeffer und Zucker würzen, mit viel gehackter Petersilie bestreuen.

Schwarzsauer von Gänseklein

Gänseklein (Gekröse) von einer Gans, Gewürze, 1 Tasse Gänseblut, 125 g Backpflaumen, 125 g getrocknete Äpfel (oder 250 g gemischtes Backobst), Zucker, Weinessig, 2 Eßl. Mehl.

Backobst über Nacht einweichen und mit 1 Stückchen Zimt, 1 Nelke und 3 Gewürzkörnern weich kochen. Das Gänseklein mit Wasser bedecken, salzen, weich kochen. Blut (es kann notfalls auch Rinderblut sein) mit Mehl verquirlen, mit der Flüssigkeit (zur Hälfte Gänsebrühe und Obstsaft) mischen und vorsichtig unter Rühren durchkochen. Fleisch und Obst hinzufügen und kräftig süß-sauer abschmecken. Dazu gibt es Mehlklöße oder Kartoffelkeilchen (siehe diese). Auch ohne Blut schmeckt das Gericht vorzüglich, es heißt dann Weißsauer.

Wirsingtopf mit Hammelfleisch

750 g Hammelfleisch (am besten aus der Keule), gut 1 kg Wirsingkohl, 500 g Zwiebeln, 500 g Kartoffeln, 2 Eßl. Kümmel, 1 Eßl. Mostrich (Senf), 1 Eßl. Wacholderbeeren, 2 Eßl. gewürfelten Räucherspeck.

Das gut abgehangene Hammelfleisch in etwa walnußgroße Würfel schneiden, mit Senf bestrichen eine Weile stehen lassen. Währenddessen den Kohl putzen und in grobe Würfel schneiden, ebenso die Zwiebeln und die Kartoffeln. In einen Topf Kohl, Kartoffeln und Zwiebeln geben, darauf Fleischwürfel, mit Salz, Pfeffer und Kümmel und Wacholder würzen, die Zutaten in der gleichen Reihenfolge weiter einschichten, bis alles verbraucht ist. Mit Knochen- oder Würfelbrühe knapp bedecken, in fest geschlossenem Topf etwa 60 Min. dünsten lassen. Sehr heiß zu Tisch geben.

Kaltschalen und Suppen

Wenn in den kurzen, heißen ostpreußischen Sommern die Sonne vom Himmel brannte, dann gab es für die Kinder, die aus der Schule kamen, oder für die Männer und Frauen, die vom Feld heimkehrten, nichts Schöneres als eine Obstkaltschale – ein typisches Gericht für diesen Landstrich. Die Zubereitung ist denkbar einfach. Es kommt nur darauf an, daß die Suppe, die wir auch gern aus großen Bechern tranken, so rechtzeitig gekocht wird, daß sie noch gut durchkühlen kann. Früher geschah das im Keller, heute haben wir es bequemer mit dem Kühlschrank.

Der Reigen dieser Kaltschalen beginnt mit dem ersten Rhabarber, später folgen die unreifen Stachelbeeren, im Juni gibt es die köstliche Holundermilch (für die wir ein Extra-Rezept bringen), die Erdbeeren, dann Johannisbeeren und Himbeeren, die gern gemeinsam verarbeitet werden, die Sauerkirschen (bei uns zu Hause waren es die aromatischen Bierkirschen), der Reigen der Äpfel von den ersten Kläräpfeln bis zu den herbstlichen Falläpfeln, als Spezialität die Birnensuppe. Schließlich wollen wir nicht die Hagebuttenkaltschale vergessen. Wenn wir die Möglichkeit haben, Wildbeeren zu sammeln oder zu kaufen, von den Blaubeeren bis zu den Holunderbeeren, die hier im Westen Fliederbeeren genannt werden, dann können wir die sommerliche Suppenpalette noch um einige köstliche Varianten bereichern.

Die Zubereitung dieser Kaltschalen erfordert keinen großen Aufwand, sie stellt höchstens einige Anforderungen an unsere Phantasie, was die Zusammenstellung betrifft. Das gesäuberte, je nach Sorte auch zerkleinerte Obst wird mit dem nötigen Wasser aufgesetzt, mit einem Stückchen Zimt oder Zitronenschale kurz durchgekocht, nach Belieben auch durch das Sieb gerührt. Mit Kartoffelmehl, Weizenpuder oder Sago andicken und zuletzt nach Geschmack süßen. (Sago zuerst in Wasser 10 bis 15 Minuten lang ausquellen lassen, ehe er an die Suppe kommt.)

Die Kaltschale, die ja eigentlich ein Vorgericht ist, kann aber auch zur sättigenden Hauptmahlzeit werden, wenn sie durch Klöße, Grießwürfel oder Makronen bereichert wird. Selbst für Hungrige genügt an heißen Sommertagen ein Käsebrot zum Abschluß, vor allem wenn es sich um das Abendessen handelt. Die Beilagen zu den Kaltschalen waren bei uns von Landschaft zu Landschaft, ja oft von Familie zu Familie verschieden. Die Rezepte vererbten sich von der Mutter auf die Töchter und gingen in deren neuen Hausstand mit. Bei den einen waren es Keilchen aus Roggenmehl, die anderen gaben dem Weizenmehl den Vorzug, hier war es Grießflammerie, von dem die Kinder nie genug bekamen, dort zarte Klößchen aus Eischnee. Die bekanntesten dieser Rezepte haben wir für Sie notiert, ebenso die für Kaltschalen, die etwas anders zubereitet werden als in unserem Grundrezept.

Auch wenn Sie die Kaltschalen bisher nicht kannten, sollten Sie eine davon mal an einem heißen Sommerabend auf den Tisch bringen – vielleicht werden Sie es dann immer wieder tun.

Eine gute Suppe soll ein ‚Magenöffner' sein, ob sie nun kalt oder heiß auf den Tisch kommt. Wir haben eben bei den Kaltschalen gesehen, daß sie an heißen Sommertagen zum Hauptgericht werden können, wenn sie mit sättigenden Zutaten gereicht werden. Die warmen Suppen hingegen, die hier folgen und keine Eintöpfe sind, bilden sozusagen die Ouvertüre zu einem festlichen Mahl. Sie sollen würzig, aber leicht und bekömmlich sein, sie sollen die Magensäfte anregen und Appetit machen auf das folgende Hauptgericht.
Aber – keine Regel ohne Ausnahme. So auch hier. Das Klunkermus, das wir hier in zwei verschiedenen Zubereitungsarten bringen, ist eigentlich eine Frühmahlzeit, die sich allerdings auch als sättigendes Abendessen empfiehlt. Wenn auf dem Hof der Großeltern in aller Herrgottsfrühe die ‚Fruenslüd' und die ‚Manns' sich an den großen, weißgescheuerten Eßtisch in der Küche setzten, dann wurde die große Terrine mit dem heißen Klunkermus in die Mitte auf die Platte gestellt. Und dann war nichts zu hören als das Klappern der Löffel in den Tellern. Die Älteren brachen das knusprige, selbstgebackene Brot und brockten es in die heiße Suppe, die Jüngeren bissen in die dicken Scheiben und aßen das Klunkermus dazu.

Aus dem Rezept auf der gegenüberliegenden Seite können wir entnehmen, daß man auch zu Beginn des vorigen Jahrhunderts schon eine schmackhafte Kaltschale schätzte: ‚Man kann diese Milch warm, im Sommer auch kalt geben', heißt es darin. Und in dem alten Kochbuch findet sich eine Reihe von Rezepten für diese sommerliche Köstlichkeit.

Loth süße und einige wenige bittere Mandeln, die vorher sehr klein gerieben sind, versüßt es mit Zucker, schüttet auch etwas Zimmet hinein.

44. Milch mit Eiern abgeklopft.

Man nimmt auf ein Stof Milch das Gelbe von 2 bis 3 Eiern, klopft diese mit der Milch ab, gießt Rosen- oder auch Orangenblüthwasser hinein, oder zerrührt auch darin etwas Mandelmasse, in deren Ermangelung ein Paar Loth süße und einige wenige bittere Mandeln, die vorher sehr klein gerieben sind, versüßt es mit Zucker, schüttet auch etwas Zimmet hinein. Man kann diese Milch warm, im Sommer auch kalt geben. Einige legen auch Schneeballen, deren Bereitung unter No. 29 angezeigt worden, andere geröstetes Weißbrot oder kleine Zwiebacke hinein; andere kochen Reis oder feine Buchweitzengrütze recht dick, schütten etwas Rosinen, Korinthen und fein geriebene bittere Mandeln hinein, gießen alles in eine Kuchenform, welche die Gestalt einer Schnecke oder Melone hat, lassen es kalt werden und geben nachher die Milch dazu.

45. Rosenmilch.

Man zerstößt den Rosenteig, dessen Bereitung unter den Zubereitungen zur Vermehrung des Wohlgeschmacks der Speisen angezeigt wor-

Kaltschalen und Suppen

Hagebuttenkaltschale

125 g getrocknete Hagebutten (über Nacht eingeweicht) oder 350 g frische Hagebutten, 1 Liter Wasser, Saft und Schale einer halben Zitrone, 1 Eßl. Kartoffelmehl, $^1/_4$ Liter Apfelwein oder Johannisbeerwein, Zucker nach Geschmack.

Die frischen Hagebutten aufschneiden, Kerne auskratzen, Stiel und Blüte vorher abschneiden. Die Früchte mit der Zitronenschale weich kochen, zweimal durch ein feines Sieb streichen, mit der Stärke binden und süß-sauer abschmecken. Als Einlage eignen sich Grießklößchen oder Makronen.

Weinkaltschale

1 Flasche Apfelwein oder Johannisbeerwein, 1 Zitrone, Zucker nach Geschmack, Suppenmakronen.

Die Zitrone dünn schälen, die Schale mit 1 Tasse Wasser aufkochen, andicken und süßen, mit 1 Eigelb abziehen. Durchgießen und mit dem Saft der Zitrone und dem Apfelwein verrühren. Noch einmal kosten, ob die Kaltschale süß genug ist; sie sollte aber leicht säuerlich schmecken. Bei Tisch gibt sich jeder nach seinem Geschmack Makrönchen dazu.

Bierkaltschale

1 Flasche Braun- oder Malzbier, Saft von 2 Zitronen, eine Tasse voll Sultaninen, Zucker nach Geschmack.

Ohne Kochen stellen wir diese schmackhafte Kaltschale her. Das Bier nach Geschmack süßen, etwas abgeriebene Zitronenschale und den Zitronensaft hinzufügen, zum Schluß die gewaschenen Sultaninen. Kalt stellen. Nach Belieben etwas Schwarzbrot fein reiben und über die Suppe streuen.

Birnen-Kaltschale

1 Liter Milch, 200 g feiner Grieß, 1 Eßl. Butter, 6 Eßl. Zucker. – 1500 g Birnen (Grauchen, Bergamotten, Klaps Liebling oder andere), 1 Liter Milch, etwas Vanillezucker, 1/2 Tasse Schmand.

Aus Milch, Grieß, Butter und Zucker steifen Brei kochen, auf Porzellanplatte fingerdick aufstreichen und nach Erkalten in Würfel schneiden. Birnen schälen, die Birnenachtel in Essigwasser legen. Schalen und Kerngehäuse mit Wasser eben bedecken und kräftig durchkochen. Die Birnenbrühe abgießen, kräftig süßen. In dieser ‚kurzen' (das heißt: nicht wässerigen) Brühe kochen wir nacheinander die Birnenstücke weich, nehmen sie mit dem Schaumlöffel heraus und legen sie in die Suppenschüssel. Den aromatischen Birnensaft mit 1 Liter Milch aufgießen, aufkochen, mit Mais- oder Weizenpuder andicken, mit Vanillezucker abschmecken und über die Birnen gießen, nach dem Abkühlen die süße Sahne dazugeben. Kalt stellen und mit den Grießwürfeln zu Tisch geben.

Plumesopp

250 g getrocknete oder 500 g entsteinte frische Pflaumen, 1/2 Flasche Kirschsaft oder zwei Tassen voll eingemachte Kirschen, eine Tasse voll Birnenstückchen, Saft und Schale einer Zitrone, 1/2 Liter Wasser, Zucker, 1/8 Liter Schmand, 1 Eßl. Kartoffelmehl.

Trockenpflaumen über Nacht einweichen. Früchte mit der dünn geschälten Zitronenschale aufkochen (die wir herausnehmen), mit Zucker, Zitronensaft und Sahne abschmecken, mit angerührtem Kartoffelmehl andicken. Bei uns zu Hause wurde altes Weißbrot oder trockener Fladen in Würfel geschnitten und in die Suppenteller gegeben. Auch kleine Suppenmakronen passen gut dazu. Die Suppe wurde im Sommer kalt, im Winter heiß zu Tisch gegeben.

Holundermilch

6 Dolden von Holunderblüten, 1 Liter Milch, 2 Eier, etwa eine Tasse Zucker.

Die Milch zum Kochen bringen und die verlesenen Holunderblütendolden für zwei Minuten in die kochende Milch tauchen. Milch durchs Sieb gießen. Das Eiweiß mit ein paar Tropfen Zitronensaft und 2 Eßl. Zucker sehr steif schlagen, kleine Klößchen abstechen und auf die kochende Milch legen. Schneeklöße nach einer Minute wenden, wenn sie erstarrt sind, mit dem Schaumlöffel abheben und in die Terrine legen. Die Milch mit Kartoffelmehl oder Weizenpuder andicken, süßen und mit Eigelb abziehen, das mit etwas süßem Schmand verquirlt wurde. So kalt wie möglich zu Tisch geben.

Klunkermus

1 Liter Milch, 2 Eier, 5 Eßl. Mehl, Prise Salz, Zucker nach Geschmack, etwas Butter.

Bei uns zu Hause nahmen wir die Milch zum Klunkermus, von der bereits der dicke Schmand abgeschöpft war. Wenn wir diesen Geschmack bevorzugen, können wir Magermilchpulver, nach Vorschrift angerührt, für dieses Gericht nehmen, da es Magermilch kaum zu kaufen gibt. Die Milch bringen wir mit etwas Salz zum Kochen, verrühren inzwischen die zerklopften Eier mit dem Mehl und lassen etwas Wasser in die Masse tropfen, damit sich die Klümpchen (Klunkern) bilden können. Unter Rühren geben wir die Klunkern nach und nach in die kochende Milch und lassen die Suppe noch etwa 10 Minuten leise ziehen. Mit Zucker abschmecken (am besten noch Zuckerdose auf den Tisch stellen für Süßschnäbel) und in jeden Teller ein Stückchen Butter geben.

Braune Fleischbrühe

500 g Rindfleisch (am besten Hohe Rippe), 500 g kleingeschlagene Rindersaftknochen, 1 Markknochen, 100 g magere Schinkenabfälle, 1 Eßl. Schmalz, 1 1/4 Liter Wasser, 1 Portion Suppengemüse, 1 Zwiebel, 4 Pfefferkörner.

Das Schmalz in der Pfanne heiß werden lassen, darin nacheinander die Knochen, das Fleisch und die in Scheiben geschnittenen Gemüse leicht anbräunen. Alles (ohne das Schmalz) in das kochende Wasser geben, Schinkenwürfel, Gewürz und etwas Salz dazu, etwa 1 1/2 Stunden leise kochen lassen. Brühe durchgießen, entfetten und abschmecken. Entweder als klare Brühe mit Markscheibchen reichen oder als Tellergericht mit mehligen Salzkartoffeln.

Obst-Klunkermus

500 g saures Obst (Rhabarberstückchen, Stachelbeeren, Kirschen, säuerliche Äpfel, Pflaumen, auch gemischt), Prise Anis, 1 Liter Milch, 2 Eier, 5 Eßl. Mehl, 1/8 Liter saurer Schmand, 1 Stange Zimt, Zucker nach Geschmack.

Das zerkleinerte und entsteinte Obst im Wasser weichkochen, mit Anis würzen. In einem zweiten Topf die Milch zum Kochen bringen, vom Feuer nehmen und von dem Obstmus so viel hineinrühren, bis sich Quarkklümpchen bilden. Vorsichtig umrühren. Das Gemisch wieder zum Kochen bringen und die vorbereiteten Klunkern (siehe das vorhergehende Rezept) langsam hineinrühren, Zimt dazugeben. 10 Minuten leise ziehen lassen, mit Salz, Zucker und Schmand abrühren, Rest vom gekochten Obst hinzufügen. Dieses Gericht kann warm oder kalt zu Tisch gegeben werden. Es sättigt und schmeckt ‚tom Huckebliewe'.

Kürbissuppe

750 g Kürbiswürfel,
1 Liter Wasser, 1/2 Liter Milch,
2 Eßl. geriebene Mandeln,
Prise Salz, 1 Teel. Kartoffelmehl,
2 Eigelb,
1/8 Liter sauren Schmand,
Zucker nach Geschmack.

Die Kürbiswürfel mit Wasser bedecken, weich kochen und durch ein feines Sieb rühren. Die Milch hinzufügen, aufkochen lassen, Mandeln hineingeben, mit Salz und Zucker abschmecken, mit dem angerührten Stärkemehl binden, mit Eigelb und Sahne verfeinern. – Nach einem anderen heimatlichen Rezept werden kleine Kartoffelkeilchen (siehe diese) zur Hälfte aus rohen, zur Hälfte aus gekochten Kartoffeln zubereitet, in der Kürbisbrühe gekocht und die durch das Sieb gestrichenen Kürbiswürfel hinzugegeben. Dann wird die Suppe nicht angerührt, sondern nur die kochende Milch hinzugegeben und süß-sauer abgeschmeckt.

Brotsuppe

250 g trockene Brotreste, gut
1 Liter Wasser, 1/2 Stange Zimt,
2 Nelken, Saft einer halben Zitrone, 100 g Sultaninen
(in 1 Glas Apfel- oder Weißwein geweicht), 3 Äpfel,
Zucker nach Geschmack.

Die Brotreste in kaltem Wasser einweichen, mit Zimt und Nelken zum Kochen bringen, durch ein feines Sieb streichen, noch einmal aufkochen. Apfelscheiben mit Wein und Sultaninen vorsichtig weich dünsten, hinzufügen. Suppe mit Zitronensaft, Zucker und Salz abschmecken und mit Butter, evtl. mit etwas saurem Schmand, verfeinern. – Eine zweite Möglichkeit: Schwarzbrot in 1/4 Liter Wasser einweichen, mit 1 Teel. Kümmel kochen, 1/2 Liter Milch hinzufügen, aufkochen, durch ein Sieb rühren, mit Butter, Sahne und Salz abschmecken. (Dann ohne Sultaninen und Äpfel.)

Kaulbarssuppe

500 g Kaulbars (oder andere Süßwasserfische),
1 Liter Wasser, 1 Zwiebel,
1 Portion Suppengemüse,
1 Lorbeerblatt, 5 Gewürzkörner,
Butter, Mehl, 1/8 Liter Schmand,
2 Eigelb, 1 Bund Dill.

Die Fische säubern und putzen, von den größeren das Rückenfleisch herauslösen und für Klößchen beiseite stellen. Das Wasser mit den Gemüsen und Gewürzen gut durchkochen lassen, die Fische hineingeben und bei schwacher Hitze eine halbe Stunde leise ziehen lassen, durch ein Sieb geben. Aus Butter und Mehl eine helle Schwitze machen, mit der Brühe verdünnen, die Suppe aufkochen lassen und mit Salz, Sahne und Eigelb verfeinern. (Evtl. etwas Zitronensaft und eine Prise Zucker dazugeben.) Das zurückgelegte Fischfleisch entweder vor dem Anrühren in Stückchen in der Brühe garziehen lassen oder fein hacken, mit Eigelb und Gewürzen mischen, kleine Klößchen formen und fünf Minuten in der heißen Brühe garmachen. Suppe mit gehacktem Dill bestreuen.

Fleisch ist das beste Gemüse

‚De Komst schmeckt erscht god, wenn de Su dorchgejagt ös ...', hieß es im Volksmund, oder ‚Bäter e Luus öm Bartsch als goar keen Fleesch ...' Und daß Fleisch das beste Gemüse ist, das konnte man in Ostpreußen oft hören. Allerdings bekam mancher Reisende, der aus dem ‚Reich' in unsere Heimat kam und auf die Gaststätten der kleineren Städte angewiesen war, manchmal einen etwas schiefen Eindruck von der Kochkunst der Ostpreußen. Auf die Frage, was denn zum Mittagessen zu haben sei, konnte er mit schöner Regelmäßigkeit hören: ‚Ei Krimmenad' (Karbonade) oder ‚Ei Gänsebroade'. Wünschen wir diesem Fremden, daß er später (trotz der durchweg beachtlichen Portionen, die ihm in solchen Häusern vorgesetzt wurden) hier und da in einen ostpreußischen Haushalt eingeladen wurde und so doch noch die ganze Vielfalt der Fleischgerichte kennenlernte, in deren Zubereitung die ostpreußischen Hausfrauen Künstler waren!

Angesichts der Fülle der Rezepte ist es gar nicht so einfach, die wirklich typischen Gerichte herauszufinden, die zu den Glanzpunkten der ostpreußischen Küche gehören. Wir haben deshalb dem Wild und Federvieh ein eigenes Kapitel gewidmet; einige Fleischgerichte werden Sie auch als ‚Spezialitäten' am Schluß dieses Bandes finden.

Prächtiges Vieh gedieh auf den ostpreußischen Weiden. Vielleicht liegt es daran, daß – ähnlich wie in Bayern – die Hausfrau, ob sie nun vom Selbstgeschlachteten nahm oder das Fleisch auf dem Markt wie im Geschäft kaufte, sehr darauf achtete, daß sie die beste Qualität erwischte und das passende Stück Fleisch für das jeweilige Gericht bekam. Heute kann man oft beobachten, daß gerade junge

Frauen etwa hellrotes, also noch nicht genügend abgehangenes Rindfleisch verlangen und sich dann wundern, daß es zäh ist und ohne rechten Geschmack. Beim teuren Kalbfleisch wird ebenfalls oft nach der Farbe gekauft – ganz hell soll es sein –, ohne danach zu fragen, mit welchen chemischen Mitteln dieses Aussehen erreicht wurde.

Aber zurück zu unseren ostpreußischen Fleischgerichten. Das rechte Würzen, die Herstellung einer schmackhaften Soße, die richtige Behandlung des Fleisches – das alles waren Grundkenntnisse, die sich in den Familien vererbten. Und wollte ein Mädchen in den Ehestand treten, dann war sie entweder bereits im mütterlichen Haushalt mit allen diesen Feinheiten vertraut gemacht worden oder wurde nach ‚oberwärts' geschickt, um bei einer angesehenen Hausfrau zu lernen. Die handgeschriebenen Kochbücher aus Großmutters Zeiten waren streng gehüteter Familienbesitz; die Rezepte wurden nur im Flüsterton weitergegeben oder als Geheimnis erster Ordnung nur innerhalb der – allerdings meist recht weitläufigen – Familie verraten.

Da gab es mal eine junge ostpreußische Hausfrau, deren Mutter für ihre unnachahmlich guten Soßen weithin bekannt war. Als sie nun ihren eigenen Hausstand gegründet hatte, da wollte sie der Mutter in diesen Künsten nicht nachstehen und fragte so lange, bis diese ihr das Geheimnis verriet: in der Speisekammer stand eine unscheinbare Flasche mit rotem Wein, aus der, so verriet die Mutter, sie jeweils einen guten Schluck an die Soße oder an das Ragout gebe. So einfach war das! Die junge Frau stieg also, als sie einmal ein Rehragout zubereitete, hinunter in den schwieger-

väterlichen Weinkeller, war etwas verwirrt ob der ungewöhnlichen Auswahl verschiedenster Gewächse und griff schließlich beherzt nach einer alten, unscheinbaren Flasche, die ganz hinten im Regal lag, entkorkte sie mit viel Mühe, gab den geheimnisvollen Schluck Wein an das Essen und wartete gespannt auf das Lob, das die Gäste ihrer Mutter immer so freigebig gespendet hatten. Es blieb aus. Als aber der reizende alte Herr, der ihr Schwiegervater geworden war, zufällig einmal in die Küche sah und dort seinen langgehüteten, kostbaren Jahrhundertwein neben Zwiebeln und Speckresten entdeckte, da mußte er doch mühsam um seine Fassung ringen... Es dauerte nicht lange, da hatte die junge Frau gelernt, daß ein ganz billiger Landwein, ein richtiger Rachenputzer, für diesen Zweck genau der Richtige ist...
So wollen wir denn heute den Schleier ein wenig lüften und den Hausfrauen von heute die Möglichkeit geben, mit diesem oder jenem ostpreußischen Fleischgericht – hoffentlich – Lorbeeren zu ernten.

Unter ‚Klops' verstehen wir heute meist die aus gehacktem Fleisch geformten Fleischklöße, die gebraten oder gekocht werden. Aber in einigen ostpreußischen Rezepten, wie etwa dem Pfefferklops, hat sich noch die alte Bezeichnung erhalten, die wir in dem Rezept auf der rechten Seite wiederfinden. Man wäre fast versucht, es selbst einmal zu probieren, was unseren Ur-Ur-Großmüttern schmeckte!

sel fett mit Butter, legt eine Lage Hecht, dann eine Lage Sauerkohl und wechselt damit, doch so, daß oben eine Lage Sauerkohl kommt; auch kann man unter die Hechte einige ausgemachte Krebsschwänze nehmen.

29. Klops.

Man schneidet dünne Stücke Rindfleisch, klopft diese mit einem hölzernen Hammer oder dem Rücken des Küchenmessers, legt klein gebröckelten Nierentalg auf den Boden der Pfanne, alsdenn eine Reihe Fleisch, streut Salz, Pfeffer und Englisch Gewürz darüber, dann wieder etwas Nierentalg oder auch kleine Stückchen Butter, und wieder eine Reihe Fleisch. So fährt man fort, bis zwei Drittel der Pfanne gefüllt sind, gießt Wasser darauf, läßt es auf gelindem Feuer gar kochen und hebt es zuweilen an den Seiten mit einem Löffel ab, damit es nicht ansetze. Wenn es gar ist, legt man ein Paar Citronenscheiben dazu, kann auch Kapern und klein gehackte Sardellen daran legen, auch etwas Wein darauf gießen, und läßt es alsdenn noch ein wenig kochen.

30. Eine andere Art Klops.

Man schneidet dünne Stücke Fleisch, klopft sie ganz mürbe, legt etwas Butter, ein Paar Lorbeerblätter und etwas Salz in eine Pfanne,

Fleisch ist das beste Gemüse

Zodderklops

500 g mageres Schweinehack, 2 große Zwiebeln, 2 Eßl. Schmalz, 750 g Pellkartoffeln, 2 Eßl. Majoran.

Die Zwiebeln fein hacken und mit dem Hackfleisch in dem heißen Schmalz andünsten, bis die Masse krümelig wird. Zu diesem Zweck mit zwei Gabeln oder Holzlöffeln die Masse immer wieder ‚zoddern', das heißt, auseinanderreißen und hin und her bewegen. Die Pellkartoffeln in Scheiben schneiden, leicht salzen und zu dem Zodderklops geben, alles gut durchbraten, mit Majoran würzen.

Zwiebel-Klops

4 fingerdicke Scheiben Rindfleisch (Rumpsteak, gut abgehangen), 5 große Zwiebeln, 4 Eßl. Butter, 1/8 Liter sauren Schmand, 2 Teel. Kartoffelmehl, Pfeffer.

Das Fleisch in Butter braten, leicht salzen. In einer zweiten Pfanne die in Scheiben geschnittenen Zwiebeln mit 2 Eßl. Wasser und 2 Eßl. Butter weichdünsten, ohne daß sie bräunen. Bratensalz mit Brühe lösen, mit Sahne aufgießen, mit Stärkemehl binden. Fleischscheiben mit den Zwiebelringen bedecken, mit mehligen Salzkartoffeln und süßsauer abgeschmecktem Weißkohl zu Tisch geben.

Wellfleisch mit Sauerkohl

500 g frisches Bauchstück vom Schwein, 1000 g Sauerkraut, 125 g durchwachsener Räucherspeck, 1 Zwiebel, 1 Teel. Kümmel, 1/8 Liter sauren Schmand, 1 Teel. Majoran, 1 rohe Kartoffel.

Fleisch und Speck knapp mit heißem Wasser bedecken, die ganze Zwiebel dazugeben, leicht salzen. Das Sauerkraut zerpflükken und auf das Fleisch legen, 1 Prise Zucker darangeben, mit Kümmel bestreuen. Alles etwa 45 Minuten bei milder Hitze garen. Fleisch und Speck herausnehmen und in Scheiben schneiden. Das Sauerkraut mit der geriebenen Kartoffel und der Sahne binden, mit Zucker und Majoran abschmecken, evtl. einen Schuß Apfelwein dazu.

Königsberger Klops

250 g Schweinehack und 250 g Beefsteakhack (oder gehacktes Kalbfleisch), 2 kleine eingeweichte, ausgedrückte Brötchen (oder 2 Eßl. Reibbrot), 2 Zwiebeln, 2 Eigelb, 4 Eßl. Butter, 2 Eßl. Mehl, 1 Glas Weißwein, Kapern, Zitronensaft, etwas saurer Schmand.

Das Hackfleisch mit 1 Eßl. geschmolzener Butter, Ei, Salz, Pfeffer, einer in Butter gedünsteten Zwiebel, den ausgedrückten Brötchen oder dem Reibbrot und mit Wasser oder Würfelbrühe (bis zu 1 Tasse voll) gut durcharbeiten und zu 10 bis 12 Kugeln formen. Von 3/4 Liter Wasser mit Knochen oder Brühwürfel, einer Zwiebel, 5 Pfefferkörnern und Salz eine Brühe kochen, durchsieben und in der leise kochenden Brühe die Klopse in etwa 10 bis 12 Minuten garziehen lassen. Von 3 Eßlöffel Butter und Mehl eine helle Mehlschwitze machen, mit der Brühe aufgießen, mit Zitronensaft, Sahne, einer Prise Zucker abschmecken, mit Eigelb abziehen, Klöße hineinlegen, nicht mehr kochen! Dazu schmecken mehlige Salzkartoffeln, Gewürzgurken oder Rote Beete. Wer den Geschmack liebt, kann der Fleischmasse etwas Sardellenpaste beigeben.

Pfefferklops

4 Scheiben (je 125 g) gut abgehangenes Rindfleisch aus der Kugel, 1 Eßl. Rindertalg, 3 Zwiebeln, 1 Portion Suppengrün, 1 Eßl. Butter, 1 geh. Eßl. Mehl, 4 Gewürzkörner, 1/2 Lorbeerblatt, 1 Glas Rotwein.

Fleisch im Rinderfett von beiden Seiten anbräunen, herausnehmen. Butter hinzufügen, mit dem Mehl eine braune Schwitze bereiten und mit Wasser oder Knochenbrühe auffüllen. Zwiebelscheiben und kleingeschnittenes Suppengrün in Butter dünsten, mit Lorbeerblatt und Gewürz in der Soße aufkochen. Fleisch hineingeben, das Gericht fest zugedeckt in 50 bis 60 Minuten gar werden lassen. Soße, falls nötig, noch mit angerührtem Kartoffelmehl andicken, mit Rotwein, 1 Prise Zucker, Salz und frisch gemahlenem Pfeffer abschmecken. Mit Salzkartoffeln oder Kartoffelbrei, eingemachtem Kürbis oder Gewürzgurken (auch Senfgurken) schmeckt der Pfefferklops am besten.

Dämpfkarbonade

4 Koteletts oder Scheiben aus der Schweineschulter, 4 Zwiebeln, 6 Pfefferkörner, 2 Teel. Kartoffelmehl, 2 Eßl. sauren Schmand, 2 Eßl. getrockneten Majoran.

Fleischscheiben in wenig siedendem Wasser in der Pfanne ankochen, bis das Wasser verdampft und das Fett ausgekocht ist. Dann im eigenen Fett leicht anbräunen lassen. Die gewürfelten Zwiebeln mit andünsten lassen, so viel heißes Wasser zugießen, daß die Fleischstücke gerade bedeckt sind, etwas Salz und die Pfefferkörner hineingeben, Deckel aufdecken und das Gericht bei milder Hitze in 50 bis 60 Minuten gardämpfen lassen. Koteletts warm stellen, die Soße durchrühren, mit Majoran würzen, mit Kartoffelmehl und Sahne andicken (manche nehmen noch etwas Kümmel dazu), abschmecken, Fleisch noch einmal hineingeben. Dazu gibt es Kartoffelbrei und Salat oder mehlige Salzkartoffeln und Gewürzgurke.

Leber mit Äpfeln und Majoran

4 Scheiben Leber (vom Rind, Kalb oder Schwein), 4 aromatische, säuerliche Äpfel, 4 Eßl. Butter, 1 Eßl. Majoran, Pfeffer, etwas Mehl, 2 Zwiebeln.

Die Äpfel vierteln und schälen, Kerngehäuse entfernen. In einer Deckelpfanne oder Kasserolle die Butter zerfließen lassen, die Äpfel leicht pfeffern, mit dem Majoran bestreuen und auf schwacher Hitze dünsten lassen, bis sie gar und aufgeplustert sind. Warm stellen. Die Leberscheiben von Haut und Sehnen befreien, gut abtrocknen, pfeffern, mit Mehl leicht überstäuben und in der restlichen heißen Butter auf beiden Seiten rasch braten (das dauert 8 bis 12 Minuten). Ab und zu die Scheiben mit der Butter beschöpfen. Die Zwiebelscheiben, wenn die Pfanne groß genug ist, mitbraten, sonst vor dem Braten der Leber für sich in Butter goldbraun rösten und im letzten Augenblick mit in die Pfanne geben. Das Gericht mit Kartoffelbrei und den Majoran-Äpfeln zu Tisch geben.

Bratwurst in Bier

4 große oder 8 kleine Kalbsbratwürste, 1/4 Liter Brühe oder Wasser, 1/8 Liter dunkles Bier, 1 Zwiebel, 2 Gewürznelken, 3 Gewürzkörner, wenig Lorbeerblatt, 1 Petersilienwurzel, 1 Stück Sellerie, 50 g Kochpfefferkuchen, Zitronensaft, 1 Eßl. Kartoffelmehl, 1 Eßl. Butter.

Die Bratwürste mit kochendem Wasser überbrühen. Wasser und Bier mit den Gewürzen und dem kleingeschnittenen Suppengemüse gut durchkochen, die Würste hineingeben und 15 Minuten leise sieden lassen. Wurst herausnehmen, Brühe durchgießen, den aufgelösten Pfefferkuchen hineingeben und die Soße mit Stärkemehl binden. Mit Zucker, Salz, evtl. Suppengewürz und Zitronensaft abschmecken, ein Stück Butter hineingeben und die Würste noch einmal darin warm werden lassen. Kartoffelbrei und Rote Beete dazu reichen.

Bratklops

250 g Schweinehack, 250 g Beefsteakhack (oder 2/3 Schweine- und 1/3 Rindfleisch), 1 eingeweichtes, ausgedrücktes Brötchen (oder 2 Eßl. Reibbrot), 1 Ei, 1 Zwiebel, 1 Eßl. geschmolzene Butter, Fett zum Braten, Reibbrot zum Panieren.

Das Hack mit Ei, Brötchen oder Reibbrot, der Butter und Wasser (bis zu 1 Tasse voll) gut verkneten, mit Salz, etwas Suppenwürze und Pfeffer würzen, Zwiebel fein würfeln und entweder roh oder in Butter leicht gedünstet in den lockeren Fleischteig geben. Mit nassen Händen runde Klopse formen (die Masse ergibt 16 bis 20 Stück), in geriebenem Weißbrot wälzen und in reichlich Schmalz oder Kokosfett braun braten. Werden die Klopse flach geformt, kann man sie auch in Butter braten. Die Klopse heiß mit Mischgemüse und Salzkartoffeln reichen, dann braune Butter dazu – oder aus dem Bratfett eine braune Soße bereiten und gesondert reichen. Sie sind auch kalt vorzüglich, man reicht sie mit kleinen Spießchen auf einer Platte und stellt einen großen Topf Mostrich (Senf) und Streifen von Gewürzgurke dazu.

Kalbfleisch in Bier

750 g Kalbfleisch (Schulter, Hals oder Brust), gut $1/2$ Liter Wasser, 1 Portion Suppengemüse, 4 Gewürzkörner, 1 Tasse Braunbier, 40 g Kochpfefferkuchen, 1 Zwiebel, 4 Nelken, $1/2$ Lorbeerblatt, etwas Zitronensaft, 1 Teelöffel Kartoffelmehl.

Das Fleisch mit kochendem Wasser bedecken, eine Prise Salz hinzufügen, die Gewürzkörner und das zerkleinerte Suppengemüse. In etwa 40 bis 50 Minuten gar werden lassen, die Brühe durchgießen. Das Fleisch von allen Knochen, Häuten und Sehnen befreien und in Scheiben schneiden. Die Brühe wieder zum Kochen bringen, das Bier hineingeben, die mit Nelken gespickte Zwiebel und das Stückchen Lorbeerblatt. Nach 20 Minuten Kochzeit wieder durch ein Sieb geben, aufkochen, den in wenig warmer Brühe aufgelösten Pfefferkuchen dazugeben, mit dem Stärkemehl binden, mit Salz, Zucker und Zitronensaft abschmecken, das Fleisch hineingeben und mit Salzkartoffeln und frischem Salat reichen.

Schweinefleisch in Bier

500 g mageres Schweinefleisch 1 kleine Flasche dunkles Bier, 1 Zwiebel, 2 Gewürznelken, 1 Zipfel Lorbeerblatt, 3 Gewürzkörner, 1 Petersilienwurzel, 1 Stück Sellerie, 50 g Kochpfefferkuchen, Zitronensaft, 1 Eßl. Kartoffelmehl, 2 Eßl. Rotwein.

Das Fleisch mit kochendem, leicht gesalzenem Wasser bedecken, Gewürze und Suppengemüse hineingeben, etwa 60 bis 70 Minuten leise kochen lassen. Fleisch warm stellen, Bier mit Brühe und dem in etwas warmer Brühe aufgelösten Pfefferkuchen (sehr gut eignet sich der holländische Frühstücks-Pfefferkuchen dazu) verkochen, durch ein Sieb geben. Wieder aufkochen, mit Stärkemehl andicken, mit Salz, einer Prise Zucker, Zitronensaft und dem Wein abschmecken, Fleisch in Scheiben schneiden und in die Soße legen. Kartoffelbrei dazu reichen. – Oder Nacken salzen, nachtüber liegen lassen, mit Malzbier und den übrigen Zutaten zubereiten.

Geschmortes Rinderherz

1 Rinderherz, $1/2$ Liter Essig, 2 Liter Wasser, 2 kl. Lorbeerblätter, 5 Gewürzkörner, 2 Eßl. Butter, 2 Eßl. Nierentalg, Räucherspeck, $1/4$ Liter saurer Schmand, 2 Eßl. Kartoffelmehl, 1 Portion Suppengemüse.

Das Herz waschen, alles Fett abschneiden. Essig mit Wasser und den Gewürzen aufkochen, das Herz in einen Steintopf legen, die kalte Marinade darübergießen und fünf Tage an kühlem Ort darin liegen lassen. Scheiben von Räucherspeck in einem Topf auslassen, herausnehmen, das abgetrocknete Herz in dem Speckfett und dem Talg ringsum anbräunen. Dann soviel heißes Wasser oder Brühe einfüllen, daß das Herz zur Hälfte bedeckt ist, Suppengrün dazugeben, salzen und in etwa $2\,1/2$ Stunden gar schmoren. Fleisch herausnehmen, Soße notfalls noch etwas einkochen lassen, durchsieben, mit Stärkemehl und Sahne anrühren und kräftig mit einer Prise Zucker, Salz und Pfeffer abschmecken. Dazu gibt es beliebiges Gemüse und Kartoffelbrei.

Hammelbraten

1500 g Hammelkeule, 6 Wacholderbeeren, 2 Lorbeerblätter. 15 Pfefferkörner, 1/2 Teelöffel Nelkenpfeffer, 1 Teel. Thymian, 100 g geriebene Zwiebeln, 1/2 Liter Rotwein, 1/2 Liter Weinessig, 125 g Butter, 1/8 Liter saurer Schmand, 1 Eßl. Mehl, Pfeffer.

Das Hammelfleisch mit Salz, Gewürzen und Zwiebelmus einreiben. In einen Tontopf legen, Marinade aus Rotwein (Landwein) u. Weinessig mit den übrigen Gewürzen mischen, kalt darübergießen und das Fleisch unter täglichem Wenden 3 bis 4 Tage darin liegen lassen. Die Keule abtrocknen, mit dünn geschnittenen Speckscheiben umwickeln und in der Bratpfanne in den Backofen schieben. Zu Beginn und später mehrmals mit heißer Butter begießen. Etwa 60 bis 80 Minuten bei guter Mittelhitze braten, ab und zu wenden. In den letzten 20 Minuten die saure Sahne übergießen, evtl. etwas Fleischbrühe in die Pfanne geben. Braten noch 10 Minuten im abgestellten Backofen ruhen lassen. Aus der Flüssigkeit eine Soße bereiten, die mit dem Mehl gebunden und mit den gleichen Gewürzen wie beim Marinieren abgeschmeckt wird.

Hammelpfeffer

600 g Hammelfleisch (Schulter oder Keule, auch Brust), 2 Zwiebeln, 1 Knoblauchzehe, 2 Eßl. Butter, 250 g frische Pilze oder 1 Beutel getrocknete oder 1 kl. Dose Mischpilze, 1 Eßl. Tomatenmark oder 3 Eßl. Ketchup, 1 Glas Rotwein.

Das Fleisch mit Mostrich bestreichen, 2 Stunden stehen lassen, würfeln, in der heißen Butter leicht anbräunen, Zwiebelwürfel dazugeben und eben andünsten lassen, Mehl überstäuben und leicht anrösten, Tomatenmark und die kleingeschnittene Knoblauchzehe (oder nur den Saft davon) hinzufügen, mit Rotwein und etwas Wasser ablöschen, salzen und pfeffern und zugedeckt etwa 60 bis 70 Minuten dünsten lassen. Die kleingeschnittenen Pilze zum Schluß hinzufügen und noch etwa 10 bis 15 Minuten mitdünsten lassen. Pikant abschmekken, evtl. mit einer Prise Zucker verfeinern. Kartoffelbrei schmeckt gut dazu.

Gefüllter Rippenbraten

750 g Schweinerippchen, 125 g Backpflaumen, 125 g Apfelstücke, 1 Eßl. Majoran, 1 Eßl. Kartoffelmehl, Pfeffer, Schuß Rum, 3 Eßl. Reibbrot, 1/8 l saurer Schmand.

Die ausgelösten Rippen des Schweinerückens werden vom Fleischer einmal in der Mitte geknickt, so daß eine Tasche entsteht. Die innere Seite wird mit Salz eingerieben. Etwa 500 g Äpfel oder halb Apfelschnitze, halb eingeweichte entsteinte Backpflaumen werden mit dem Majoran vermischt, mit 1 Schuß Rum, dem Reibbrot und etwas geriebener Zitronenschale gewürzt, leicht gepfeffert und in die Rippentasche gefüllt. Die Tasche mit Zwirn zunähen oder mit Faden gut umwickeln, in der Bratpfanne in den gut vorgewärmten Backofen schieben und mit etwas kochendem Wasser übergießen. Sobald das Wasser verdampft ist, bräunt der Rippenbraten im eigenen Fett. In etwa 70 bis 80 Minuten unter Wenden und Begießen schön braun braten. Soße mit saurer Sahne auffüllen, mit Stärkemehl anrühren, abschmecken.

Schmorbraten vom Rind

1500 g gut abgehangenes Fleisch aus der Keule, Räucherspeck, 2 Eßl. Rindertalg, 50 g Kokosfett, 2 Schwarzbrotrinden, 1 Portion Suppengemüse, 2 Zwiebeln, $1/2$ Lorbeerblatt, 5 Gewürzkörner, $1/4$ Liter sauren Schmand, 1 Eßl. Mehl, Pfeffer, Rotwein.

Das Fleisch klopfen. In einem Schmortopf Speckscheiben langsam rösch werden lassen, herausnehmen, Fett und Talg hineingeben, heiß werden lassen, das trockene Fleisch darin von allen Seiten bräunen, zuletzt Zwiebelwürfel und das kleingeschnittene Suppengrün leicht mitbräunen lassen. Etwa zwei Tassen kräftige Knochenbrühe dazufügen, die eingeweichten Brotrinden und die Gewürze. Unter Wenden etwa 3 Stunden lang langsam schmoren lassen, notfalls etwas Brühe angießen. Fleisch herausnehmen, Brühe durchgießen, mit Sahne verrühren, mit dem Mehl gut andicken und würzig abschmecken, evtl. mit einer Prise Zucker und etwas Rotwein abrunden. Dazu Kartoffelkeilchen oder Kartoffelbrei, saure Gurken, Rote Beete, eingemachter Kürbis.

Jäger-Rouladen

4 Scheiben Rindfleisch aus der Keule, 4 dünne Scheiben Räucherspeck, 3 Eßl. geriebenes Schwarzbrot, 1 Zwiebel, 1 Eßl. Butter, 2 feingehackte Sardellen, 1 Eßl. Kapern, 1 Gewürzgurke, 3 Eßl. Schmalz, $1/8$ Liter sauren Schmand, 1 Eßl. Kartoffelmehl, Pfeffer.

Fleischscheiben leicht klopfen u. pfeffern. Brotkrümel mit Zwiebelwürfeln in der Butter leicht rösten, nach dem Erkalten mit Sardellen mischen, auf das Fleisch streichen. Je 1 Scheibe Speck, 2 Streifen Gurke und einige Kapern darauflegen, Fleischscheiben aufrollen und umschnüren. In dem heißen Schmalz rasch von allen Seiten anbräunen, knapp $1/2$ Liter heiße Brühe dazugeben, in etwa 60 bis 70 Min. garschmoren lassen, in den letzten 10 Minuten die Sahne hinzufügen. Rouladen aus der Soße nehmen, diese mit dem Stärkemehl binden und pikant abschmecken. Mit Kartoffelbrei und Gemüse oder Gewürzgurken zu Tisch geben.

Falscher Hase

250 g Schweinehack, 250 g Beefsteakhack, 1 Teel. Senf, 3 Eßl. Reibbrot, 1 Ei, 1 Zwiebel, durchwachsener Speck nach Belieben, 1 Beutel getrocknete Pilze, Reibbrot zum Panieren, $1/8$ Liter saure Sahne, 1 Eßl. Kartoffelmehl, 4 Eßl. Butter, Pfeffer.

Fleisch mit Ei, Brötchen oder Reibbrot, Mostrich, Salz, Pfeffer, der gewürfelten, in Butter angedünsteten Zwiebel, 2 Eßl. geschmolzener Butter und etwas Wasser gut mischen. Länglich wie ein Brot formen, in Reibbrot wälzen, Speckscheiben im Kochtopf ausbraten, herausnehmen, 2 Eßl. Butter zum Speckfett geben, Braten leicht von allen Seiten anbräunen, etwas heißes Wasser oder Brühe angießen, Speckscheiben wieder hineinlegen, in etwa einer Stunde im verschlossenen Topf gar werden lassen, nach Bedarf Wasser oder Brühe nachgießen. Fleisch herausnehmen und warm stellen, die eingeweichten Pilze mit dem Einweichwasser zur Brühe geben, nach Bedarf mit Wasser auffüllen, mit Stärkemehl binden, mit Sahne, Pfeffer, Salz, 1 Prise Zucker und etwas Paprikapulver pikant abschmecken. Dazu passen alle Gemüse.

Vom Wild und Federvieh

Nach Ansicht vieler Menschen im ‚Reich' war Ostpreußen ein Land, in dem sich Fuchs und Hase gute Nacht sagten. (So mancher, der mit diesem Vorurteil die Weichsel nach Osten überquerte, wurde jedoch bald eines Besseren belehrt.) Aber mit dem Fuchs und dem Hasen hatte es doch wohl eine gewisse Bewandtnis: der Reichtum des Landes an jagdbarem Wild war unvorstellbar groß. Ein Stück Wildbret gehörte daher auch zu den Freuden des kleinen Mannes. Ganz abgesehen davon, daß in den großen Forsten auch die Wilderer noch ernteten, was sie nicht gehegt und gepflegt hatten, und so mancher Forstmeister seine liebe Not mit ihnen hatte. Wie dem auch sei – unter den alten Familienrezepten, die in handgeschriebenen Heften mit in den Westen gerettet wurden, finden sich auffallend viele Rezepte für die Zubereitung des Wildes. Und wenn wir von Spezialitäten der ostpreußischen Küche sprechen, dann können wir an ihnen nicht achtlos vorübergehen. Außerdem lassen sich die meisten von ihnen auch heute ohne große Schwierigkeiten zubereiten.

Eines müssen wir allerdings anmerken: der besondere Geschmack etwa eines ostpreußischen Hasenbratens wird hier im Westen nicht immer und überall zu erreichen sein. Auch hier gibt es große Waldgebiete, wie etwa im Weserbergland oder im östlichen Westfalen, deren Wild um seines besonderen Geschmackes willen weithin begehrt ist, vielleicht begünstigt durch ein ganz bestimmtes Klima oder die Art des Futters. Und manches Wildfleisch, das tiefgefroren über den Ozean in unsere Lande kommt, entspricht im Geschmack nicht ganz den Erwartungen des Feinschmeckers. Da heißt es eben probieren und suchen, bis man an die richtige Quelle kommt.

Ähnlich ist es mit dem Federvieh. Was bei uns zu Hause in ungehemmter Freiheit über Hof und Wiese spazierte, sich an Teich oder Bach das Gefieder putzte, das wird heute häufig in winzigen Käfigen in einer Art Fabrikhalle herangezogen, bekommt Futter und Wasser nach ganz genau festgelegten Regeln und kennt eine größere Wiese nicht mal von fern. Ganz zu schweigen von den merkwürdigen Praktiken, Wachstum und Fleischbeschaffenheit durch bestimmte chemische Mittel zu beeinflussen. Auch da wird der Feinschmecker suchen müssen, ehe er das bekommt, was ihm als leckerer Braten vorschwebt. Eines hat diese moderne Art der Aufzucht aber bewirkt: das Federvieh ist zu einem verhältnismäßig günstigen Preis zu haben. Und während die Hausfrauen früher (allerdings auch bei größeren Familien) nur einen ganzen Hasen, eine ganze Gans in die Küche bekamen, können heute auch Zwei-Personen-Haushalte oder gar Alleinstehende ihr Geflügel im Topf haben, denn vieles gibt es zerteilt, manchmal sogar zu erstaunlich niedrigem Preis.

Wer wird nicht an zu Hause erinnert, wenn eine gut gebratene, nach Äpfeln und Majoran duftende Gans auf den Tisch kommt, und dazu die Schüssel mit würzigem Schmorkohl! Damals pflegte man so um den Martinstag herum zu sagen, eine Gans sei eine gute Gabe, sie habe nur einen Fehler: für einen sei sie zuviel und für zwei zuwenig. Vor allem war das gute Tier früher reicher an Fett. Doch wird es zu einigen Schälchen mit appetitlichem Schmalz reichen. Und so manche Hausfrau wird auch heute noch überlegen, ob sie vielleicht von dem Gänsetier nur die Keulen auslöst und gebraten auf den Tisch bringt oder mit den übrigen Stücken für Weißsauer oder Gänseklein verwendet (übrigens schmeckt auch ein Eintopf von Wruken oder Kohl ausgezeichnet mit Gänsefleisch) – und zu Weihnachten dann aus der Gänsebrust Spickgans nach alter heimatlicher Art macht.

Wir haben Ihnen auch in diesem Kapitel die guten, alten Rezepte aufgeschrieben, die noch aus der Heimat stammen, haben aber auch daran gedacht, daß sie mit den heutigen, allgemein begrenzten Möglichkeiten zubereitet werden müssen. Und wir würden uns freuen, wenn Sie bei dem oder jenem Gericht sagen: Es schmeckt wie zu Hause.

Nur wenige gibt es unter uns, die berichten können, sie hätten schon einmal Fleisch vom Elch gegessen. Aber sie sind übereinstimmend der Meinung, es habe vorzüglich geschmeckt. Unsere Altvorderen wußten offenbar etwas mit dem Fleisch dieses urigen Wildes anzufangen – hier finden Sie zwei alte Rezepte für die Zubereitung.

andere flechten ein Gitter von Butterteig darüber. Man streut Sand in eine Tortenpfanne, setzt die Schüssel hinein, deckt den Deckel darüber, gibt oben und unten Kohlen, so lange bis der Sauerkohl von oben gebacken oder der darüber gelegte Teig gar ist.

183. Elenns- oder Rehfleisch mit einer Aepfelbrühe.

Das Fleisch wird gleich dem vorigen gekocht, frische saure Aepfel werden in Rinderbrühe weichgekocht, durchgeschlagen, weißer Wein; Zimmet, Gewürznelken, Ingwer, braunes Mehl, große in Wasser aufgeweichte Rosinen, von manchen auch noch etwas Zucker dazu geschüttet; alles über das Fleisch gegossen und solches damit noch etwas durchkocht.

184. Elenns- oder Rehfleisch mit saurer Brühe.

Speck und Zwiebeln werden klein gehackt, mit etwas Brühe, Weinessig, Salz, Pfeffer, Gewürznelken, etwas geriebenem Roggenbrot oder braunen Mehl zugerichtet, wenn das Fleisch gar ist, darüber gegossen und noch etwas damit durchgekocht.

185. Elenns- oder Hirschfleisch gedämpft.

Das Fleisch wird, nachdem die Häute abgezogen, in Stücke geschnitten, geklopft und

Vom Wild und Federvieh

Rehkotelett mit Champignons

8 kleine Koteletts aus dem Rehrücken, 250 g Champignons, 4 Eßl. Butter, 4 Eßl. saurer Schmand, Pfeffer, 2 Eßl. geriebener, milder Käse.

Koteletts in heißer Butter rasch anbraten, mit der gebratenen Seite nach unten in eine feuerfeste Form legen. Inzwischen haben wir die feinblättrig geschnittenen Pilze in der restlichen Butter leicht angedünstet und mit Pfeffer bestreut. Die Pilze geben wir auf die Koteletts und bestreuen sie mit dem geriebenen Käse. Darauf setzen wir ein paar Butterflöckchen und überbacken das Gericht im Ofen, bis der Käse zerfließt.

Wildfleisch-Klößchen

250 g gehacktes rohes oder gares Wildfleisch (Hase, Reh, Hirsch oder Wildschwein), 3 Eßl. Reibbrot, 2 Eier, 2 Eßl. Butter, Pfeffer.

Das durch die Maschine getriebene Fleisch (auch Bratenreste können verwendet werden) mit den übrigen Zutaten, der geschmolzenen Butter und Salz zu einer geschmeidigen Masse kneten, mit feuchten Händen kleine Klößchen formen und in Wildbrühe oder heißem Wasser garziehen lassen. Vorzüglich als Einlage für klare oder gebundene Wildsuppen.

Pikantes Wildragout

750 g Kleinfleisch vom Wild (Hase, Reh, Hirsch, Wildschwein), 75 g durchwachsener Räucherspeck, 1 Portion Suppengemüse, 1 Zwiebel, 1 Lorbeerblatt, 5 Wacholderbeeren, 1 Glas Rotwein, 3 Eßl. Butter, 1 Eßl. Mehl, 125 g frische oder 1 Beutel getrocknete, eingeweichte Pilze.

Das in mundgerechte Stücke geschnittene Fleisch mit der gewürfelten Zwiebel in Butter bräunen, eine Tasse Wasser oder Brühe aus Fleischabfällen angießen, aufkochen, die Pilze, das geschnittene Suppengemüse und die Gewürze dazugeben, etwa 90 Minuten schmoren lassen. Mit etwas Zitronensaft und dem Rotwein säuern, aus Butter und Mehl eine braune Schwitze machen, mit der Brühe auffüllen und kräftig würzen, evtl. mit einer Prise Zucker.

Hasenbraten mit Schmorkohl

1 gut abgehangener Hase, 125 g durchwachsener Räucherspeck, 150 g Butter, 1/4 Liter saurer Schmand, 1 Eßl. Kartoffelmehl, 6 Wacholderbeeren.

Die Vorderläufe, der Hals, alle unansehnlichen Fleischteile, die nach dem Abtrennen der Keulen und des Rückens übrigbleiben, werden mit kaltem Wasser bedeckt und ausgekocht. In der Bratenpfanne die Butter erhitzen, die beiden Keulen auf der Heizplatte rundherum bräunen und bei milder Hitze 15 Minuten weiterbraten lassen. Dann kommt der Rücken in die Pfanne und wird ebenfalls leicht angebräunt. Die Pfanne in den vorgeheizten Ofen schieben und Rücken und Keulen mit dünnen Speckscheiben belegen. In etwa 50 Minuten gar braten. Wenn die Butter zu stark bräunt, etwas Brühe angießen, in den letzten 10 Minuten Sahne und Gewürz. Das Fleisch auf einer Platte in den abgestellten Ofen schieben, die Soße nach Bedarf mit etwas Brühe aufgießen, mit dem Stärkemehl andicken und würzig abschmecken.

Feiner Rehrücken

Ein halber, gehäuteter und abgehangener Rehrücken (etwa 1200 g schwer), 150 g Butter, 100 g durchwachsener Speck, 1/8 Liter saurer Schmand, 4 Wacholderbeeren, Pfeffer, 1 Teel. Kartoffelmehl.

Das Fleisch leicht salzen und pfeffern, mit der zerlassenen Butter in eine Pfanne legen (mit der Rundung nach oben) und in den vorgeheizten Ofen schieben. Nach 15 Minuten Bratzeit mit dem in dünne Scheiben geschnittenen Speck belegen, ab und zu mit der Butter beschöpfen. Die Bratzeit beträgt etwa 45 Minuten, sollte die Butter zu braun werden, ab und zu einen Löffel Brühe vorsichtig angießen. In den letzten 10 Minuten die Sahne hinzufügen und die leicht zerstoßenen Wacholderbeeren. Das Fleisch auf einer Platte noch für 10 Minuten in den abgestellten Ofen schieben, den Bratensatz mit etwas Brühe löschen und andicken, evtl. etwas nachwürzen. Heiß mit Kartoffelbrei und Preiselbeeren, den Rest kalt mit einer Cumberlandsoße, Toast und Butter reichen.

Rehkeule in Schmand

1 Rehkeule (etwa 1500 g), 1 Liter Buttermilch, 1 Zwiebel, 2 Gewürznelken, 1/2 Lorbeerblatt, 5 Gewürzkörner, Wacholderbeeren, 125 g durchwachsener Räucherspeck, 100 g Butter, 1/4 Liter saure Sahne, etwas Rotwein, 1 Eßl. Kartoffelmehl.

Die gut abgehangene Rehkeule in eine Marinade aus Buttermilch, 1 Teel. Salz, der nelkengespickten Zwiebel und dem Lorbeerblatt legen, nach 2 bis 3 Tagen abtrocknen, enthäuten und entfetten. Das Fleisch mit Salz und zerstoßenen Wacholderbeeren einreiben, mit Speckscheiben umwickeln und pfeffern. In die Bratpfanne 2 Eßl. Butter und den in dünne Streifen geschnittenen Speck geben, die Keule mit der Oberseite nach unten hineinlegen, in den vorgeheizten Ofen schieben, in etwa 90 bis 120 Minuten unter Wenden und Begießen mit der restlichen, zerlassenen Butter gar und braun werden lassen. In den letzten 10 Minuten nach und nach die Sahne dazugeben. Die Keule noch 10 Minuten im abgestellten Ofen ruhen lassen, währenddessen die Soße binden und mit Rotwein, Zucker und Salz abschmecken.

Rominter Wildpastete

650 g bereits gebratenes Rehfleisch, 250 g frisches Fleisch von Hase oder Reh, 250 g frisches Schweinefleisch, 375 g durchwachsener Räucherspeck 8 Schalotten, 1/8 Liter Madeira, 50 g Trüffeln oder Champignons, 4 Eßl. Butter, Pfeffer, Thymian, Reibbrot.

Das gebratene Fleisch in Würfel schneiden und in den Madeira legen. Das übrige Fleisch und den Speck durch den Fleischwolf treiben. Die feingehackten Zwiebelchen in Butter durchschwitzen und hinzufügen, ebenso die feingehackten Pilze. Die Fleischmasse mit den marinierten Bratenstücken und den Gewürzen (Salz nach Bedarf) gut mischen, kräftig abschmecken. Pastetenform mit Deckel oder Puddingform einfetten, mit dem Reibbrot ausstreuen, die Fleischmasse fest hineindrücken, mit den Speckstreifen belegen und Form verschließen. Im heißen Wasserbad in 60 bis 70 Minuten garen (die Form darf nur zu 3/4 im Wasser stehen). Deckel abnehmen, Fett abgießen, Pastete stürzen und in Scheiben schneiden. Warm mit Gemüse und Salzkartoffeln, kalt mit Toast und Butter zu Tisch geben.

Pastete im Ofen

Zutaten wie zur Rominter Wildpastete, ferner 500 g Mehl, 160 g Butter, 2 Eier, etwa 1/4 Liter Wasser, Prise Salz.

Die Fleischmasse vorbereiten wie zu der Rominter Wildpastete. Aus den angegebenen Zutaten einen Mürbteig kneten, 2 Stunden kalt stellen. Eine Springform mit Butter ausstreichen, Mürbteig rasch ausrollen, die Bodenplatte ausschneiden, in die Form geben, einen Randstreifen gut andrücken, die Fleischmasse hineingeben und gut festdrükken, die Deckelplatte aus Teig darauflegen, gut andrücken, an den Rändern mit etwas Eiweiß festkleben, aus festem Papier einen kleinen ‚Schornstein' formen und in der Mitte der Deckelplatte einsetzen, damit der Dampf abziehen kann. Bei mäßiger Hitze etwa 50 Minuten backen und heiß zu Tisch bringen. Dazu gibt es pikante Würzsoße, Johannisbeergelee, Zitronenachtel zum Auspressen, Kartoffelbrei und Pilze oder Salat.

Wildsuppe

1 Liter Brühe aus Wildresten, 1 Eßl. Schmalz, 3 Eßl. Butter, 2 Eßl. Mehl, 4 Eßl. Rotwein, 4 Eßl. Madeira, 1 Portion Suppengemüse, 4 Gewürzkörner, 3 Wacholderbeeren, 1/2 Lorbeerblatt, 1 Zwiebel.

Aus den Resten und Abfällen vom Wild (Knochen, Hals, Rippen usw.), auch dem gebratenen Gerippe, läßt sich eine vorzügliche Brühe oder Suppe zubereiten. Die Knochen und Fleischabfälle werden zerkleinert und in dem heißen Schmalz gebräunt, danach das zerschnittene Suppengemüse und die Zwiebel. Mit gut 1 Liter kaltem Wasser auffüllen, Gewürze hineingeben, etwa 80 bis 90 Minuten leise sieden lassen. Brühe durchgießen, aus Butter und Mehl eine braune Schwitze machen, mit der Brühe auffüllen, mit Wein, einer Prise Zucker und Salz kräftig abschmecken und evtl. Stücke von dem gekochten Wildfleisch würfeln und hineingeben. Als Einlage eignen sich ferner kleine Klößchen aus Wildfleisch. Auch als Brühe gut.

Haschee vom Wild

500 g Reste von gebratenem Wild, 3 Eßl. Butter, 2 Eßl. Mehl, ½ Liter Fleischbrühe aus Wildknochen, 1 Zwiebel, Essig, Pfeffer, Prise Zucker, etwas Rotwein.

Aus den gebratenen Wildknochen und Abfällen eine Brühe kochen. Das Fleisch würfeln, Zwiebelwürfel hellbraun werden lassen. Aus Butter und Mehl eine helle Schwitze bereiten, mit Brühe aufgießen und mit den Gewürzen süß-sauer abschmekken. Zwiebelwürfel und Fleisch hineingeben. Mit Wein verfeinern. Dazu gibt es Salzkartoffeln oder Kartoffelbrei. Einige getrocknete, in wenig Wasser geweichte Pilze machen das Haschee noch schmackhafter. Eine gute Resteverwendung!

Kaninchen mit Porree

1 vorbereitetes Kaninchen, drei Stangen Porree, 3 Eßl. Butter, 1 Teel. Mehl, Pfeffer, Petersilie, 3 Eßl. saurer Schmand.

Das Kaninchen in Stücke teilen, diese in der heißen Butter rundum anbräunen, zuletzt Herz und Leber dazugeben. Den gründlich gesäuberten Porree (Lauch) in 4 cm lange Stücke schneiden, mit dem noch anhaftenden Wasser in den Topf geben, salzen, das Gericht etwa 25 Minuten im fest geschlossenen Topf garen. Falls es zuviel Flüssigkeit enthält, mit dem Mehl bestäuben und noch einmal durchkochen, mit Pfeffer würzen, evtl. mit saurer Sahne verfeinern.

Kaninchenragout

Ein vorbereitetes zahmes oder wildes Kaninchen, 3 Eßl. Butter, 1 Zwiebel, 4 Wacholderbeeren, 1 Portion Suppengemüse, 125 g Champignons, Pfeffer, Rotwein, Prise Zucker.

Das Fleisch von zahmen Kaninchen kann man 2 bis 3 Tage in eine Marinade von Essig oder in Buttermilch legen. Sonst teilen wir das Kaninchen in Stücke, die leicht mit Mostrich bestrichen werden. In der heißen Butter die Fleischstücke anbraten, etwas Wasser oder Brühe angießen, Suppengemüse und Zwiebel hineingeben, salzen und würzen, alles garschmoren lassen. Zum Schluß die Champignons (oder getrocknete Steinpilze) hineingeben. Soße durchgießen, mit etwas Stärkemehl binden, würzig abschmecken (evtl. 1 Schuß Madeira oder Portwein), nach Geschmack mit etwas saurem Schmand verfeinern.

Braten vom Wildschwein

1000 oder 1500 g Wildschwein (Keule oder Rücken), 1 Liter Buttermilch (oder Marinade aus 1/4 Liter Weinessig, 1/4 Liter Wasser, 1/4 Liter Rotwein, 1 Teel. Salz, 1 Zwiebel), Pfeffer, Thymian, Wacholderbeeren, 100 g Butter, 2 Eßl. Kartoffelmehl, etwas Rotwein, 1/8 l Schmand.

Das Fleisch für 2 bis 3 Tage in einem Steintopf in Buttermilch oder in die aufgekochte, abgekühlte Marinade legen, ab und zu wenden. Das Fleisch gut abtrocknen, mit Salz, Pfeffer, Thymian, dem gestoßenen Wacholder einreiben, im Ofen auf der Pfanne oder dem Bratrost in etwa 90 bis 120 Minuten braten, ab und zu mit der heißen Butter übergießen. In den letzten 30 Minuten der Bratzeit bedekken wir den Braten 1/2 cm hoch mit einer Kruste aus 100 g geschmolzener Butter, 250 g geriebenem Schwarzbrot, 35 g Zucker, je 1 Prise Zimt, Nelkenpfeffer und Salz. Mischen, fest andrücken, mit Bratfett beträufeln, mit etwas Zucker besieben. Erst bei Tisch aufschneiden. Die abgetropfte Flüssigkeit mit Wasser oder Brühe auf 1/2 Liter auffüllen, aufkochen und mit dem Stärkemehl binden. Mit Rotwein, Sahne, Zucker abschmecken.

Masurischer Wildpfeffer

1 Hase oder 1500 g Fleisch von Reh oder Hirsch, 250 g Schweinebauch, 250 g Räucherspeck, eine Zwiebel, 2 Tassen grob geschnittene Zwiebeln, 1/2 Flasche kräftiger Rotwein (Landwein), 1 Lorbeerblatt, 2 Gewürznelken, 125 g Butter, Pfeffer, Paprika 2 Eßl. Mehl, Johannisbeergelee.

Den zerteilten Hasen oder das andere Wildfleisch mit heißem Wasser bedecken, salzen, die mit Nelken gespickte Zwiebel hinzufügen, etwa 60 bis 70 Minuten bei milder Hitze kochen lassen. Brühe durchgießen, Fleisch von den Knochen befreien und in mundgerechte Stücke schneiden. Butter zerlassen, die Zwiebelwürfel, das gewürfelte Schweinefleisch und den gewürfelten Speck zusammen bräunen, beiseite stellen. In Butter das Wildfleisch bräunen. Brühe und Rotwein erhitzen, die restlichen Gewürze dazutun, Fleisch und Speck hineingeben, alles in etwa 30 Minuten garziehen lassen. Von der restlichen Butter eine braune Mehlschwitze machen, mit der Brühe auffüllen und mit Johannisbeergelee, Pfeffer und Paprika kräftig abschmecken. Dazu gibt es Salzkartoffeln und Preiselbeeren.

Hasenpfeffer nach Jägerart

1 ganzer Hase, 250 g magerer Schweinebauch, 250 g durchwachsener Räucherspeck, 2 Eßl. Schmalz, 1 Tasse gewürfelte Zwiebeln, 1/2 Flasche kräftiger Rotwein, 1 Tasse Schweineblut, 3 Eßlöffel Pflaumenkreide oder Johannisbeergelee, 2 Nelken, 1/2 Lorbeerblatt, Pfeffer.

Den Hasen von Häuten und Kleinfleisch befreien, diese mit 1 Liter kaltem Wasser aufsetzen und zur Brühe auskochen, leicht salzen, durchgießen. In dieser Brühe die Fleischstücke (auch das Schweinefleisch und die Gewürze) eine gute Stunde leise sieden lassen, Brühe durchgießen. Fleisch nach dem Abkühlen von den Knochen befreien und in mundgerechte Stücke schneiden. Den grob gewürfelten Speck in dem Schmalz anbraten, die Zwiebelwürfel dazugeben und ebenfalls durchbräunen lassen. Warm stellen. Nun in dem Fett die Fleischstücke leicht anbräunen, Bratensatz mit dem Rotwein löschen und mit dem Blut mischen (es geht auch ohne), evtl. mit etwas Speisestärke binden, mit Pflaumenkreide oder Gelee würzen und kräftig abschmecken, noch einmal auf mildem Feuer durchkochen. Das ist ein Löffelgericht.

Geflügelleber mit Äpfeln

Leber von Gans, Ente oder Pute, Gänse- oder Entenschmalz, ein großer, säuerlicher Apfel, 1 Zwiebel, 1 kl. Teel. Majoran, Pfeffer.

Apfel schälen, das Kerngehäuse entfernen, in Achtel schneiden und in heißem Fett bei zugedeckter Pfanne dünsten, bis sie plustrig sind und zerfallen. Leicht pfeffern, warm stellen. Leber häuten und teilen, pfeffern, zusammen mit der in feine Scheiben geschnittenen Zwiebel in den Rest des heißen Fettes geben, leicht bräunen lassen, zuletzt Majoran überstreuen, salzen und mit den Apfelstücken zu Tisch geben. Dazu gibt es Weißbrot, Toast oder Kartoffelbrei.

Gänseklein

Kleinfleisch (Gekröse), Magen und Herz von einer Gans, 1 Portion Suppengemüse, 4 Gewürzkörner, 1 Teel. Senfkörner, 1/2 Lorbeerblatt, 3 Eßl. Butter, gut 1 Eßl. Mehl, Majoran.

Die Fleischstücke mit kochendem Wasser bedecken, leicht salzen. Das Suppengemüse (vor allem Sellerie und Petersilienwurzel) und die Gewürze hinzufügen, etwa 70 bis 80 Minuten leise sieden lassen. Brühe abgießen, Fleischstücke enthäuten, von Knochen befreien und mundgerecht schneiden. Aus Butter und Mehl eine helle Schwitze machen, mit der entfetteten Brühe aufgießen, würzig abschmecken. Fleisch hineingeben.

Gefüllter Gänsehals

1 Gänsehals, 1 Gänseleber, 200 g Schweinefleisch (nicht zu fett), 75 g Gänseschmalz oder Schweineschmalz, 1 kl. Brötchen, 1 Ei, 1 Teel. Majoran, 1 Zwiebel.

Die Zwiebel würfeln, in dem Fett andünsten, mit Leber, Fleisch und dem eingeweichten, ausgedrückten Brötchen durch den Fleischwolf drehen. Mit Ei, Salz, Pfeffer und Majoran mischen und kräftig abschmecken. Die Masse lose in den gereinigten Gänsehals füllen, die Haut an beiden Seiten zunähen, den Hals in wenig kochendes Salzwasser legen und in 20 bis 30 Minuten gar werden lassen. Herausnehmen, zwischen zwei Brettern pressen, erkalten lassen.

Gänsebraten

1 junge Gans, ein Sträußchen getrockneter Majoran oder Beifuß (oder pulverisierte Gewürze), 8 kleine, würzige Äpfel, 2 Eßl. Kartoffelmehl, Pfeffer.

Die Gans mit Salz und Pfeffer einreiben. Mit entstielten Äpfeln und dem Gewürz füllen und Öffnungen zunähen. Mit der Brustseite nach unten in die Gänsepfanne legen und 1 Tasse kochendes Wasser angießen, in den vorgeheizten Ofen schieben. Bei mittlerer Hitze eine Stunde braten, dann die Gans auf den Rücken legen und starke Hitze einstellen. Ist die Brust gebräunt, die vorher gewässerten Flomen quer über den Braten legen. Ab und zu Keulen und Brustseite mit einer Gabel anstechen, damit das Fett ausläuft. Wenn sich in der Pfanne brauner Satz bildet, mit etwas heißem Wasser löschen. Nach etwa $2^1/_2$ Std. (je nach Größe u. Alter) ist der Braten gar. Zum Schluß mit kaltem Salzwasser einpinseln, noch einmal für einige Minuten einschieben, damit die Haut kroß wird. ben, Gans warm stellen, Soße zubereiten.

Gänse-Weißsauer

Kleinfleisch, Magen und Herz von einer Gans, evt. 2 Keulen extra, 1 Portion Suppengemüse, Pfeffer, 1 Zwiebel, Majoran, Essig, weiße Gelatine nach Bedarf, Prise Zucker.

Das Fleisch mit kaltem Wasser bedecken, mit etwas Salz und 2 Eßl. Essig würzen, aufkochen. Suppengemüse, Zwiebel, Majoran, Apfel dazugeben und alles weichkochen. Fleischstücke herausnehmen, mit warmem Wasser überspülen, evtl. enthäuten, und in eine Schüssel legen. Die Brühe durchgießen, kalt stellen, sorgfältig entfetten, ausmessen und nach dem Erwärmen mit der entsprechenden Menge aufgelöster Gelatine mischen. Sehr würzig abschmecken (sie wird nach Erkalten milder) und über das Fleisch gießen. Sehr kalt stellen. Schmeckt vorzüglich zu Bratkartoffeln.

Gänseschmalz

500 g Gänseflomen, 200 g Schweineflomen, 1 Zwiebel, ein großer, würziger Apfel, 1 Teel. gerebelter Majoran.

Gänseflomen wässern und abtrocknen, zusammen mit den Schweineflomen würfeln oder durch die grobe Scheibe des Fleischwolfs drehen. In der offenen Pfanne bei milder Hitze das Fett auslassen; nimmt es eine dunkel-gelbliche Farbe an, die gewürfelte Zwiebel und den gewürfelten Apfel dazugeben, ebenso den Majoran. Mit einem Holzlöffel wenden, zerteilen, Stücke zerdrücken. Färben sich die Grieben goldgelb, ist das Schmalz fertig. Entweder wird es so in Schälchen gefüllt und kalt gestellt oder das Schmalz wird durch ein Sieb in die Schälchen gegeben und die Grieben werden leicht gesalzen und warm oder kalt auf Brot gegessen oder heiß mit Pellkartoffeln.

Gebratene Ente

1 junge Fleischente, 4 würzige, kleine Äpfel, 2 Stiele Majoran oder Beifuß (oder gerebeltes Gewürz), Pfeffer, 1 Eßl. Stärkemehl, 1 Eßl. Sultaninen.

Die Ente innen und außen mit Salz und Pfeffer einreiben, mit den ganzen Äpfeln und den Gewürzen füllen (oder Äpfel schälen, vierteln, mit Sultaninen mischen) und zunähen. Ist die Ente sehr mager, geben wir 3 Eßlöffel Butter in die Bratpfanne, sonst verfahren wir wie beim Gänsebraten. Auch hier werden nach dem Bräunen der Brust die Flomenstücke aufgelegt und mit ausgebraten. Die Bratzeit beträgt je nach Größe und Alter rund 90 Minuten. Lassen sich die Keulen leicht eindrücken, den Braten mit kaltem Salzwasser bepinseln, noch ein paar Minuten im heißen Ofen lassen, dann auf eine Platte legen und im abgestellten Ofen etwa 10 Minuten ruhen lassen. Soße entfetten, Bratensatz lösen, durchs Sieb gießen, mit Stärkemehl binden und abschmecken.

Brathähnchen

2 junge Hähnchen, 1 Bund grüne Petersile, 4 Eßl. Butter, Pfeffer, 1/8 Liter saurer Schmand, 1 Teel. Kartoffelmehl.

Hähnchen mit Salz und Pfeffer einreiben. Petersilie und ein Stückchen Butter in die Bauchhöhle geben oder folgende Fülle: Wir geben Magen, Herz und Leber durch den Fleischwolf oder hacken, mischen die Masse mit 3 Eßl. Reibbrot und 3 Eßl. geschmolzener Butter und nähen die Öffnungen zu. Hähnchen in Butter von allen Seiten anbraten, etwas Hühnerbrühe oder Wasser angießen, Deckel schließen und das Geflügel in etwa 50 bis 60 Minuten gar schmoren lassen. Oder: im Bratofen in hellbrauner Butter mit der Brustseite nach unten bei mittlerer Hitze anbraten lassen, nach 30 Minuten wenden und weitere 30 Minuten braten lassen, nach Bedarf etwas Brühe oder Wasser angießen. In den letzten 10 Minuten die Sahne mitbräunen lassen, Hähnchen auf einer Platte im abgestellten Ofen lassen, Soße binden, abschmecken.

Frikassee vom Huhn

1 junges Suppenhuhn, 1 Portion Suppengemüse, 2 Eigelb, 5 Eßl. Butter, 2 bis 3 Eßl. Mehl, 125 g frische oder 1 kl. Dose Champignons, evtl. Spargel, Zitronensaft, Prise Zucker.

Das Huhn vorbereiten, mit Herz und Magen in einen Topf geben, mit heißem Wasser die Hälfte des Huhns bedecken, leicht salzen, das zerkleinerte Suppengemüse dazugeben, Deckel schließen und auf milder Hitze sieden lassen. Nach 30 Minuten Huhn wenden. Kochzeit etwa 60 Minuten, bei älteren Tieren etwas länger. Brühe abgießen und entfetten. Das abgekühlte Fleisch enthäuten, von den Knochen befreien und in mundgerechte Stücke schneiden. Inzwischen die frischen Pilze in etwas Butter dünsten, den Spargel kochen oder erhitzen. Eine helle Mehlschwitze bereiten, mit Brühe zu einer dickflüssigen Soße auffüllen, mit Salz, Zitronensaft und einer Prise Zucker würzen, mit Eigelb abziehen. Fleisch noch einmal in der Soße ziehen lassen, evtl. mit Kapern, einigen Krabben oder kleinen Fleischklopsen anreichern.

Gänseleberpastete

Etwa 375 g Gänseleber, 250 g Kalbfleisch, 200 g fetter Speck, 1 kl. Zwiebel, 1 Tasse Schmand, 4 Trüffeln oder Trüffel aus Konserven oder -extrakt oder 100 g frische Champignons, 1 Teel. Majoran, Pfeffer, Pastetengewürz.

Die Hälfte des Specks in dünne Scheiben schneiden, die Leber säubern und häuten, jeweils in vier Teile schneiden, die mit Trüffelstreifen gespickt werden. Kalbfleisch und Rest des Specks würfeln, mischen. Hälfte dieser Masse mit der gewürfelten Zwiebel, Majoran und Salz auf mildem Feuer rühren, bis das Fleisch eine graue Farbe hat. Mit restlichem rohen Fleisch und Champignons zweimal durch die Fleischmaschine geben und die Masse kräftig würzen. Den Boden der Pastetenform oder eines Weckglases mit Speckscheiben auslegen, darauf die Hälfte der Fleischmasse, in die wir die Leberstücke drücken, darüber den Rest der Masse geben, Deckel fest schließen. Die Form zwei Stunden im Wasserbad kochen lassen.

Wildente

1 bis 2 Wildenten, 6 Eßl. Butter, 65 g durchwachsener Räucherspeck, 1/4 Liter saurer Schmand, 6 Wacholderbeeren, 1 Eßl. Kartoffelmehl.

Die Ente von innen und außen mit zerdrückten Wacholderbeeren einreiben. In der Bratpfanne die Butter erhitzen, Ente mit der Brust nach unten hineinlegen, nach dem Bräunen wenden, Brust mit Speckscheiben belegen, je nach Größe in etwa 70 bis 80 Minuten gar braten. In den letzten 10 Minuten Sahne angießen. Braten noch 10 Minuten ruhen lassen, Soße binden und würzig abschmecken. Dazu: Sauerkohl.

Spickgans

1 Gänsebrust (etwa 850 g), 2 Eßl. Salz, 1/2 Teel. Salpeter, 1 Teel. Zucker.

Die Gänsebrust vorsichtig, um die Haut nicht zu verletzen, vom Knochen lösen. Salz, Salpeter und Zucker mischen und Fleisch und Haut von innen und außen gründlich damit einreiben, bis alles verbraucht ist. Nun die beiden Hälften übereinanderklappen und die Spickgans mit überwendlichen Stichen gut zusammennähen, so daß die Haut überall gegeneinanderstößt. In einem Steintopf mit Brett und Stein oder einem anderen Gegenstand beschweren. Fünf Tage lang so liegen lassen, täglich mit der sich bildenden Lake gut einreiben. Die Spickgans in eine doppelte Lage Mulltuch einnähen und sie beim Fleischer 8 Tage im Rauch hängen lassen, noch 1 bis 2 Tage zwischen Bretter legen und beschweren. Eine köstliche Spezialität, vor allem im Winter!

Gänseleberwurst

500 g Gänseleber, 125 g Gänseschmalz, 350 g Schweinebauch, 1 Kalbsfuß, 200 g gekochtes Kalbfleisch, 2 Zwiebeln, 2 Teel. Majoran, Pfeffer.

Schweinebauch und Kalbsfuß mit Gewürzkörnern weich kochen. Das Fleisch durch die Fleischmaschine geben. Brühe kalt stellen, entfetten. Schmalz mit 2 Eßl. Brühe und den fein geschnittenen Zwiebeln aufkochen, Leber in dem Fett halb gar dämpfen, mit Zwiebeln und Kalbfleisch 2mal durch die Maschine geben, alles mischen und kräftig abschmecken. In Därme oder Gänsehälse füllen, in kochendem Wasser 60 Minuten ziehen lassen, in Eiswasser abkühlen.

Huhn geschmort

2 junge Hühner, 3 Eßl. Butter, 1 Tasse saurer Schmand, 1 Eßl. Kartoffelmehl.

Hühner vorbereiten, außen und innen mit Salz einreiben. Butter erhitzen, Hühner hellbraun anbraten, 2 Tassen Hühnerbrühe (von dem Gekröse gekocht) angießen, Topf schließen und Hühner in etwa 50 Minuten gar schmoren. Sahne hineingeben, Hühner zerteilen, währenddessen die Soße binden und würzig abschmecken, evtl. mit Champignons verfeinern.

Gänsebrust geschmort

1 Gänsebrust, 65 g durchwachsener Räucherspeck, 2 Eßl. Butter, 1 Tasse saurer Schmand, 1 Eßl. Stärkemehl.

Die Haut abziehen, Gänsebrust mit den Knochen in leichtes Essigwasser legen, das zuvor einmal aufgekocht und abgekühlt ist. Drei Tage darin liegen lassen. Gänsebrust abtrocknen, mit Salz einreiben, in der Butter mit den Speckscheiben bräunen, 1 Tasse heiße Brühe zugießen, gar schmoren. Sahne zugeben, Soße binden, kräftig abschmekken.

Fisch in Topf und Pfanne

Das Land der tausend Seen, unzähliger Teiche und einer Vielzahl fließender Gewässer, an der Küste der Ostsee gelegen und zudem noch mit zwei großen Haffen versehen, war und ist ein fischreiches Land. Die Seefische, von denen die geräucherten Flundern an der Küste und auf der Nehrung als Delikatesse einen ähnlichen Ruf genossen wie die zarten Maränen der Gewässer um Nikolaiken, die köstlichen Neunaugen und Aale, Lachs und Hecht, Zander und Stint bis zu den Krebsen – es gab bei uns zu Hause eine Vielfalt von Fischen und Schalentieren, die eine genaue Aufzählung unmöglich macht, und es gab eine Vielfalt von Rezepten, die von Generation zu Generation weitergetragen wurden.

So wird von der Küche des preußischen Herzogshofes um die Mitte des 16. Jahrhunderts berichtet, daß eigens ein Hausfischmeister angestellt war, die Fische aus Meer und Haff, aus Seen und Flüssen sowie aus den Fischteichen frisch zu beschaffen und zur Weiterverarbeitung in das herzogliche Schloß zu liefern, für sachgemäße Behandlung, Aufbewahrung und Konservierung zu sorgen. Die herzoglichen Fischmeister und ‚Keyper' hatten dafür zu sorgen, daß immer genügend Fisch an den Hof geliefert wurde, der Überschuß stand dann zum Verkauf. Noch lange nach der Reformation hielt man sich, in Königsberg wie draußen im Lande, an die mittelalterlichen Fastentage, an denen kein Fleisch auf den Tisch kommen durfte.

Daß hier des Guten nicht zuviel getan wurde, dafür sorgte in alten Zeiten so mancher Dienstvertrag, in dem sich der Dienstherr verpflichten mußte, nicht mehr als zweimal in der Woche Lachs auf den Tisch zu bringen – so groß war der Reichtum an diesem köstlichen Fisch im Lande.

Viele alte Märchen und Sagen erzählen vom Wassermann, dem Dobnik, wie er in Masuren genannt wurde. Eine andere Sage berichtet, wie einst ein großes Heer von Stinten die Stadt Tolkemit bedrängte, das von den Bürgern der Stadt zerschlagen wurde. Seit dieser Zeit nannte man die Tolkemiter auch ‚Stintstecher'. Und die Geschichte von dem Nikolaiker Stinthengst, der als König seiner Artgenossen sogar eine Krone trug, fand noch bis in die jüngste Zeit sichtbaren Niederschlag in jenem hölzernen gekrönten Stinthengst, der an die Stadtbrücke angekettet wurde und auch im Stadtwappen auftauchte.

Unzählige Geschichten haben sich erhalten von jenen Königsberger Fischweibern, die Hausfrauen und Vorübergehende mit ihrem flinken Mundwerk und ihrem Mutterwitz zum Kauf anzulocken pflegten. Den reichen Fischsegen, den sie damals den Käufern bieten konnten, werden wir heute kaum auf den Märkten bekommen, trotz verbesserter Transportmöglichkeiten, der Konservierungsmöglichkeiten an Bord und trotz der Tiefkühlkette. Und wenn wir den und jenen besonderen Fisch auf den Tisch bringen wollen, dann müssen wir tiefer, viel tiefer in den Geldbeutel greifen als in der guten alten Zeit.

Eine frisch geräucherte Flunder, noch heiß von der Kaddikglut in einer der Räuchergruben der Kurischen Nehrung, die zarte Maräne, auf der Terrasse des Kurhauses von Nikolaiken angeboten, ein Stück Aal, gerade gefangen und frisch von der Räucherstelle aus

der Hand gegessen, frisch geröstete Neunaugen, Bressen, auf Roggenstroh gebacken, ein Schock Krebse, im Fluß hinter dem Gehöft gefangen und in der großen Terrine auf den festlich gedeckten Tisch gebracht – diese Köstlichkeiten werden wir wohl kaum mehr so genießen können wie damals zu Hause. Aber einen Füllhecht nach ostpreußischer Art können wir heute noch auf den Tisch bringen, einen Weihnachtskarpfen in Bier, eine Portion Butterfisch oder eine Schüssel mit Schmandhering.
Bei den Fischrezepten in diesem Band haben wir uns ganz bewußt auf die Gerichte beschränkt, die wir auch heute noch ohne große Schwierigkeiten zubereiten können und die doch durch die besondere Zubereitungsart und durch die Zutaten an Mutters Küche erinnern: Speck und Schmand, Dill und andere grüne Kräuter gehören eigentlich immer dazu, damit es schmeckt wie zu Hause.

Den Füllhecht, von dem in dem Rezept aus dem alten Königsberger Kochbuch die Rede ist, finden Sie in etwas anderer Form auf Seite 59 wieder! Es dürfte wohl eins von den alten Familienrezepten sein, die durch Verwandte und Bekannte weitergegeben wurden und die bei uns von Generation zu Generation weiter vererbt wurden. Und wir meinen, der Schluck Wein dürfte dem edlen Fisch gut bekommen.

einem Casseroll mit etwas Butter schwitzen, fügt etwas Mehl, gehackte Zwiebeln und gepülverte Muskatenblüte hinzu, füllt Fleisch- oder Fischbrühe darauf, gießt noch etwas Citronensaft hinein, und läßt alles zusammen, aber nicht lange kochen, und gibt es nachher zu dem Hechte.

95. Gefüllter Hecht.

Man löst das Fleisch von einigen kleinen oder schlechten Fischen ab, hackt es mit Zwiebeln und grüner Petersilie, vermischt es mit einem Viertelpfunde Butter, drei Eiern, geriebener Semmel, etwas süßem Schmand, Salz, Ingwer und Muskatenblüte, füllt damit den vorher gehörig geschuppten, eingekerbten und besalzenen Hecht, macht aus der ubrigen Fülle länglichte Klöße, bratet Fische und Klöße in Butter gelbbraun, gießt alsdenn etwas weißen Wein darauf, schüttet Muskatenblüte, geriebenes Weißbrot und legt einige Citronenscheiben daran, läßt dieses zusammen ein wenig aufkochen und richtet den Fisch mit dieser Brühe an.

96. Elennsmark.

Die Knochen, worin das Mark enthalten ist, werden ungefähr so lange wie die Rindermarkknochen in Wasser gekocht. Man sägt sie nachher vermittelst einer scharfen Säge in Stücke, die ungefähr 3 Finger breit sind. Wenn man

Fisch in Topf und Pfanne

Pfannfisch

400 g gare Fischreste, 2 Eier, 1/4 Liter sauren Schmand oder Milch, 500 g Pellkartoffeln, 3 Eßl. Butter, 1 Teel. Mostrich (Senf), 1 Teel. Majoran.

Die Kartoffeln in Scheiben schneiden, salzen, in der Butter hellbraun braten, die zerpflückten Fischreste kurz mitbraten, mit dem Mostrich bestreichen, die mit den Eiern und wenig Salz verquirlte Milch oder Sahne darübergießen, Majoran überstreuen, stocken lassen und wie Bauernfrühstück auf einer vorgewärmten Platte reichen. Dazu gibt es Radieschen oder einen frischen Salat.

Fischsalat

300 g gare Fischreste, 2 kleine Gewürzgurken, 1 Banane, 1 Apfelsine, 1 Apfel, 1 Kopf grüner Salat, 2 Eßl. geriebene Mandeln oder Nüsse, 4 Eßl. Majonäse, Zitronensaft, Pfeffer.

Den Fisch zerpflücken, mit etwas Zitronensaft und Pfeffer marinieren, die anderen Zutaten zerkleinern, mit der Majonäse vermischen und recht kühl stellen. Dazu gibt es Weißbrot oder Toast.

Bunter Fischtopf

750 g Fischfilet, Zitronensaft, 4 Eßl. Butter, 1 Zwiebel, 1 Stange Porree, 1 kleine Sellerieknolle, 5 Mohrrüben, 250 g grüne Bohnen oder Rosenkohl, 5 mittlere Kartoffeln, Petersilie.

Die Fischfilets säubern und säuern, beiseite stellen. Gemüse und Kartoffeln putzen und in Würfel schneiden. Zuerst die Zwiebelwürfel in der Butter hell andünsten, die übrigen Gemüse dazugeben und nach 10 Minuten mit zwei Tassen heißem Wasser oder Brühe aufgießen, salzen. 20 Minuten leise sieden lassen, dann den zerteilten Fisch hineingeben und noch 15 Minuten ziehen lassen. Abschmecken und den Fischtopf mit Petersilie bestreut heiß zu Tisch geben.

Spickhecht

1 Hecht (oder Zander) von etwa 1500 g, 50 g durchwachsener Räucherspeck, 1/8 Liter saurer Schmand, 1 gr. Zwiebel, 2 Eßl. geriebener Käse, 100 g Butter, Zitronensaft, Pfeffer.

Den Fisch säubern, ausnehmen (Leber beiseite stellen), die Rükkenhaut in einem Streifen abziehen, den Rücken mit Speckfäden spicken. Den Fisch säuern, salzen und pfeffern, die Leber hineinlegen, Bauchlappen nach innen einschlagen. Den restlichen Speck in feine Scheiben schneiden, mit der Butter in der Bratpfanne leicht anbräunen, Fisch daraufsetzen, mit dem Käse überstreuen, mit Zwiebelscheiben umlegen und in den vorgeheizten Ofen schieben, auf Mittelhitze einstellen. Nach 15 Minuten 2 Eßl. saure Sahne über den Fisch geben, dann nach und nach den Rest. Nach etwa 45 Minuten ist der Fisch gar. Vorsichtig auf eine Platte heben, die Soße mit etwas heißem Wasser loskochen, evtl. mit etwas Stärkemehl binden. Dazu gibt es Kartoffelbrei und gemischten Salat.

Füllhecht

1 großer Hecht (1200 bis 2000 g), 1 kleiner Hecht (etwa 500 g), 1 Stück Weißbrot, 1 Petersilienwurzel, 1 Stück Sellerie, 1 kl. Zwiebel, Zitronensaft, Fischgewürz, 6 Eßl. Butter, 2 Eßl. Mehl, 1/8 Liter süßen Schmand, 3 Eigelb, Champignons.

Großen Fisch salzen, mit Zitrone einreiben, dem kleinen Hecht Haut abziehen, Gräten auslösen, Fischfleisch und Leber mit dem eingeweichten, ausgedrückten Weißbrot fein hacken. Mit 2 Eßl. geschmolzener Butter und Eigelb mischen, würzen. Dem großen Hecht von innen her Rückgrat und große Gräten ausschneiden, mit Farce füllen, Bauchlappen übereinanderschlagen, mit Faden umwickeln. So viel Wasser mit Salz, Suppengrün und Gewürzen 10 Minuten vorkochen, daß Fisch zur Hälfte damit bedeckt sein wird. Hecht in die kochende Brühe legen, 30 Minuten ziehen lassen, warm stellen. Helle Mehlschwitze mit Fischbrühe und Sahne auffüllen, mit Kapern oder Champignons verfeinern.

Schüsselfisch

1 Hecht oder Zander von etwa 1250 g, 1 kl. Zwiebel, 6 Eßl. Butter, 2 Eßl. Mehl, 1/8 Liter saurer Schmand, 2 Eßl. geriebener Käse, Zitronensaft, Pfeffer.

Den Fisch säubern, säuern und salzen, die Mittelgräte so gut wie möglich auslösen und auch die großen Gräten. Den Fisch in mundgerechte Stücke schneiden. In 3 Eßl. Butter die feingewürfelte Zwiebel hell andünsten, Fischstücke dazugeben und eben gar ziehen lassen. Fisch herausnehmen, von den letzten Gräten befreien. Eine feuerfeste Schüssel (oder Glasform) mit Butter ausstreichen, die Fischstücke hineinlegen, mit Käse bestreuen und ringsherum einen Kranz von kleinen, gekochten, abgezogenen Pellkartoffeln legen, salzen und pfeffern. Eine helle Mehlschwitze machen, mit etwas heißem Wasser und der Sahne aufgießen, mit Zitronensaft, einer Prise Zucker und Salz fein abschmecken, über das Gericht geben und alles bei Mittelhitze etwa 30 Minuten im vorgewärmten Ofen backen. Dazu paßt grüner Schmandsalat.

Fischpudding

Etwa 800 g Fisch (Hecht, Zander, aber auch Schellfisch oder Rotbarsch) oder 500 g Fischfilet, 200 g Butter, 2 Eßl. Mehl, 1 dicke Scheibe Weißbrot ohne Kruste, 4 Eier, 1/4 Liter saurer Schmand, 2 Eßl. geriebener Käse, Zitronensaft, Pfeffer.

Fische säubern, von Haut, Kopf und Gräten befreien, die zu einer Brühe ausgekocht werden. Weißbrot in der Hälfte der Sahne einweichen, Butter und Eigelb sahnig rühren, Fischfleisch durch den Fleischwolf drehen oder fein hacken, alles miteinander verrühren, mit Käse, Salz und Pfeffer abschmecken, zuletzt den steif geschlagenen Eischnee unterheben. In eine gut gefettete, mit Reibbrot ausgestreute Puddingform füllen und 90 Minuten im Wasserbad kochen. Vor dem Stürzen 10 Minuten stehen lassen. Zur Soße aus dem Rest der Butter und dem Mehl eine helle Schwitze herstellen, mit Fischbrühe ablöschen und mit Zitronensaft, der restlichen Sahne und einer Prise Zucker abschmecken, evtl. mit gedünsteten Champignons oder einigen Krabben verfeinern. Reste vom Fischpudding schmecken aufgebraten vorzüglich.

Fischklopse gekocht

1000 g Hecht oder Schellfisch oder 500 g Fischfilet, 1 Zwiebel, 2 Eier, 2 kleine Brötchen oder 3 Eßl. Reibbrot, 1 Portion Suppengemüse, Fischgewürz, 6 Eßl. Butter, 2 Eßl. Mehl, 1/8 Liter süßen Schmand, Zitronensaft, 2 Eigelb, evtl. Kapern oder Krabben.

Das entgrätete Fischfleisch mit den eingeweichten, ausgedrückten Brötchen durch die Fleischmaschine treiben, die feingeschnittene Zwiebel in etwas Butter hell dünsten und dazugeben, 2 Eßl. Butter sahnig rühren und mit zwei Eiern verrühren, salzen, alles zu einem lockeren Teig verarbeiten und zu Klopsen formen. Fischbrühe herstellen aus Kopf und Abfällen, mit Suppengemüse, Salz und Gewürz 15 Minuten kochen, Brühe durchgießen, aufkochen und die Fischklopse darin in 10 Minuten garziehen lassen, herausnehmen, warm stellen. Aus Mehl und Butter eine helle Schwitze machen, mit Fischbrühe und Sahne auffüllen, mit Zitrone, Salz, einer Prise Zucker würzig abschmecken, mit Kapern oder Krabben verfeinern, die Klopse hineintun und mit mehligen Salzkartoffeln zu Tisch geben.

Butterfisch

1 Fisch von etwa 1200 g (Hecht, Zander, aber auch Schellfisch oder Makrele), 1 Petersilienwurzel, 1 Stück Sellerie, 1 Zwiebel, Fischgewürz, 6 Eßl. Butter, 2 Eßl. Mehl, 2 Eigelb, 1/8 Liter saurer Schmand, Zitronensaft, 2 Eßl. feingehackter Dill.

Den Fisch säubern, ausnehmen, säuern und salzen, in 3 bis 4 Stücke schneiden. Kopf und Bauchlappen auskochen, Brühe mit dem Suppengemüse und den Gewürzen 10 Minuten vorkochen, Fischstücke in der Brühe vorsichtig in etwa 15 Minuten garziehen lassen, herausnehmen, von Haut und Gräten befreien, warm stellen. Aus Butter und Mehl eine helle Schwitze machen, mit der durchgegossenen Fischbrühe und der Sahne auffüllen, mit Salz, Zitronensaft und einer Prise Zucker feinwürzig abschmecken, mit Eigelb abziehen und ganz zuletzt den Dill hineingeben. Einen Teil der Soße über den Fisch geben, den Rest gesondert reichen. Dazu gibt es mehlige Salzkartoffeln. Zu Hause kochte man in der Fischbrühe einige Kaulbarse mit, die der Soße einen besonders feinen Geschmack gaben.

Feine Fischröllchen

500 g Fischfilet, 1 Portion Suppengemüse, Fischgewürz, 4 Eßl. Butter, 2 Eßl. Mehl, 2 Eigelb, Zitronensaft und eine halbe Zitrone, 2 Eßl. grüne Kräuter, Kapern oder Krabben oder Champignons, 1 Tasse saurer Schmand.

Das Fischfilet in Scheiben schneiden, mit Zitronensaft und wenig Salz einreiben, die Scheiben gleichmäßig aufrollen und mit Speilchen oder einem Faden zusammenhalten. Aus leicht gesalzenem Wasser, dem zerteilten Gemüse und etwas Fischgewürz eine Brühe kochen (etwa 1/4 l), durchgießen. Die Fischröllchen nebeneinander aufrecht in einen Kochtopf oder ein Gefäß aus Jenaer Glas stellen, auf jedes eine geschälte Zitronenscheibe legen, mit der heißen Brühe übergießen und etwa 15 Minuten bei schwacher Hitze ziehen lassen. Brühe abgießen, eine helle Mehlschwitze machen, mit Brühe auffüllen, mit Eigelb und Sahne abziehen, mit Zitronensaft, einer Prise Zucker, Salz und evtl. etwas Curry würzig abschmecken. Nach Vorrat und Geschmack mit Kapern, Krabben oder gedünsteten Champignons verfeinern.

Fischfilet mit Pilzen

750 g Fischfilet, 1 Tasse feinblättrig geschnittene Champignons oder andere Pilze, 100 g durchwachsener Räucherspeck, 5 Eßl. Butter, 1/4 Liter saurer Schmand, Zitronensaft, Pfeffer, Reibbrot oder geriebener Käse.

Das Filet säubern, säuern, salzen, in passende Stücke schneiden, die Pilze in etwas Butter andünsten. Auflaufform mit Butter ausstreichen, den in feine Scheiben geschnittenen Speck auf den Boden legen, Fischstücke darüber verteilen, Pilze dazwischen, einmal mit der Pfeffermühle darübergehen, mit der verquirlten Sahne übergießen, mit Reibbrot oder Käse bestreuen, mit Butterflöckchen besetzen und bei Mittelhitze in 20 bis 30 Minuten gar werden lassen, bis die Oberfläche leicht gebräunt ist. Dazu gibt es körnig gekochten Reis oder Kartoffelbrei und einen frischen Salat.

Fisch mit Sauerkohl

Hecht, Zander oder Schellfisch von etwa 1000 g, 1/2 Liter Fischbrühe, 500 fertig gekochter Sauerkohl, 4 Eßl. Butter, knapp 1/4 Liter süßer Schmand, 2 Eßl. Reibbrot.

Den Fisch vorbereiten, in fünf Stücke schneiden, mit Zitronensaft und Salz einreiben. Fischbrühe zubereiten aus Wasser, den Fischabfällen und dem Kopf, Fischgewürz, kleingeschnittenem Suppengemüse, Salz. Die Fischstücke in der Brühe 10 Minuten ziehen lassen, herausnehmen, enthäuten und entgräten. Die Brühe zu einer Fischsuppe verwenden. Eine feuerfeste Form mit Butter ausstreichen, eine Schicht Sauerkohl auf dem Boden verteilen, darauf die Fischstücke und zum Schluß den Rest des Sauerkohls. Die mit etwas Salz verquirlte Sahne darübergießen, geriebene Semmel überstreuen, mit Butterflöckchen besetzen und in den vorgeheizten Ofen schieben, 30 Minuten bei Mittelhitze überbacken. Dazu paßt Kartoffelbrei, den wir auch, mit Muskat gewürzt, in Lagen zwischen Fisch und Sauerkohl füllen können.

Fischklopse gebraten

1000 g Hecht oder Schellfisch oder 500 g Fischfilet, 1 Zwiebel, 2 Eier, 2 kl. Brötchen oder 3 Eßl. Reibbrot, zur Panade 2 Eier, Reibbrot, etwas Mehl, insgesamt 125 g Butter.

Das entgrätete Fischfleisch oder Filet mit den eingeweichten, ausgedrückten Brötchen durch die Fleischmaschine treiben, die gewürfelte Zwiebel in Butter hell dünsten und dazugeben, 2 Eßl. Butter sahnig rühren und mit den Eiern mischen, salzen, alles zusammen zu einem geschmeidigen Teig vermischen und kleine, flache Klopse oder Röllchen daraus formen, mit Mehl bepudern, mit dem zerklopften Ei und Reibbrot panieren und in heißer Butter braun und kroß braten. Wir können auch kleine Klopse oder Röllchen formen, die in schwimmendem Fett (Öl oder Kokosfett) wie beim Bratfisch ausgebacken werden. Die Fischklopse auf einer vorgewärmten Platte mit Zitronenachteln und Petersiliensträußchen garnieren, zu einfachem Kartoffelsalat oder Majonäsensalat reichen.

Fischhackbraten

1000 g Hecht, Zander oder Schellfisch (oder 500 g Fischfilet), 50 g geräucherter, durchwachsener Speck, 1 Zwiebel, 1 Brötchen, 100 g Butter, 1 Ei, 2 Eßl. Reibbrot, Pfeffer.

Den entgräteten Fisch oder das Filet mit dem eingeweichten, ausgedrückten Brötchen und dem gewürfelten Speck durch die Fleischmaschine treiben, die gehackte Zwiebel in 2 Eßl. Butter hellbraun werden lassen und dazugeben, mit Salz, Pfeffer, dem Ei und dem Reibbrot zu einem festen Teig verarbeiten, zu einem länglichen Brot formen, von allen Seiten in heißer Butter anbraten und etwas heiße Brühe angießen. Im geschlossenen Topf in etwa 30 Minuten gar werden lassen. Aus dem Bratenfonds mit brauner Mehlschwitze, Tomatenmark oder -ketchup und einigen frischen, abgezogenen Tomaten eine Tomatensoße bereiten und das Gericht mit Salzkartoffeln zu Tisch geben.

Bratfisch

1000 g kleine Hechte (oder Zander, auch Schellfisch oder 500 g Fischfilet), 4 Eßl. Butter oder 2 Eßl. Butter, 2 Eßl. Schmalz, Zitronensaft, Mehl, 2 Eier, Reibbrot.

Die vorbereiteten Fische werden von den Köpfen befreit und, wenn sie klein sind, ein paarmal quer zur Rückengräte eingeschnitten (größere Fische in Portionsstücke geteilt), mit Zitronensaft und Salz innen und außen eingerieben. Nach einer Weile mit etwas Mehl einpudern, in dem verklopften Ei und Semmelmehl panieren, in dem heißen Fett auf beiden Seiten gar und braun braten. – Sie schmecken auch vorzüglich, wenn sie in Fett schwimmend ausgebacken werden. Dazu nehmen wir Öl oder Plattenfett, lassen es in einem festen Topf so heiß werden, daß sich um einen Holzlöffelstiel Blasen bilden, braten die kleinen Fischstücke, bis sie hellbraun sind, nehmen sie mit dem Schaumlöffel heraus, backen eine neue Portion (nie zu viele auf einmal!), geben zum Schluß alle Fischstücke noch einmal in das heiße Fett.

Aal grün

Etwa 750 g Aal, 1 Portion Suppengemüse, 1 Zwiebel, 3 Gewürzkörner, 3 Eßl. Butter, 2 Eßl. Mehl, 1/8 Liter süßen Schmand, 1 Eigelb, 3 Eßl. gehackte Kräuter (Dill, Petersilie, Schnittlauch, Kerbel), Zitronensaft, 1/2 Liter Fisch- oder Fleischbrühe, Prise Zucker.

Aus Butter und Mehl eine lichtgelbe Schwitze herstellen, mit der Brühe zu einer sämigen Soße auffüllen, in die zunächst die gewürfelte Zwiebel und die feingeschnittenen Suppengemüse sowie etwas Salz und das Gewürz gegeben werden. Jungen Aal mit der Haut in die Soße geben (er wird nach dem Ausnehmen innen und außen gründlich mit Salz abgerieben, so daß sich der Schleim löst, und in Portionsstücke geschnitten). Ältere Fische verarbeitet man am besten abgezogen. Die Aalstücke in der Soße in 15 bis 20 Minuten leise ziehend garen, mit einem Schaumlöffel herausnehmen, die Soße evtl. noch mit etwas Speisestärke nachdicken, mit Eigelb abziehen, mit Zitronensaft und einer Prise Zucker abschmecken und mit den Kräutern verrühren. – Das gleiche Rezept eignet sich auch für Hecht, Zander oder Schlei.

Schmandhering

4 Salzheringe oder 8 Matjesfilets, 3/8 Liter saurer, dicker Schmand, 2 große Zwiebeln, 1 Gewürzgurke, 1 Apfel, Essig oder Zitronensaft, Prise Zucker, Pfeffer.

Die Salzheringe gut wässern, häuten, entgräten, in Streifen schneiden. (Die Matjes evtl. kurz in Milch legen.) Die Zwiebeln würfeln oder in feine Scheiben schneiden. Apfel schälen, schneiden und stifteln, ebenso die Gurke. Sollte Heringsmilch dabei sein, wird sie durch ein Sieb gerührt und mit der Sahne vermischt. Die Sahne fein süßsauer abschmecken mit Essig oder Zitronensaft, Zucker, Pfeffer. Gut verquirlt über die Heringe geben, einige Stunden kühl stellen. Man kann diesen Schmandhering durch die Beigabe von Tomatenwürfeln, Essiggemüse oder feingeschnittenen Paprikaschoten (frisch oder eingelegt) noch bunter machen. Zu dem Schmandhering gehören eigentlich Pellkartoffeln, wir können das Gericht aber auch mit Toast reichen.

Karpfen in Bier

1 Karpfen von etwa 1000 bis 1200 g, 1 Flasche Braunbier oder Porter, 1 Zwiebel, 3 Gewürznelken, 1 Portion Suppengemüse, 1 Päckchen Fischgewürz, 2 Eßl. Butter, 50 g Kochpfefferkuchen, 1 Eßl. Kartoffelmehl, Zucker, Zitronensaft, Rotwein.

Den vorbereiteten Fisch in 5 bis 6 Stücke schneiden, mit Zitronensaft und Salz einreiben. Auf 1/2 Liter Bier 1/4 Liter Wasser abmessen, zusammen mit etwas Salz, der nelkengespickten Zwiebel, den zerkleinerten Suppengemüsen, dem Gewürz und der Butter etwa 10 Minuten vorkochen lassen. Die Fischstücke hineingeben – sie sollen von der Brühe gerade bedeckt sein – und auf mildem Feuer in etwa 15 Minuten garziehen lassen. Fischstücke herausnehmen, evtl. von Haut und Gräten befreien, warm stellen. Zu der durchgegossenen Brühe den in warmem Wasser aufgelösten Pfefferkuchen geben, mit dem Stärkemehl binden, mit Salz, Zitronensaft, etwas Rotwein und Zucker kräftig abschmecken, die Fische damit übergießen und dazu mehlige Salzkartoffeln reichen. – Das gleiche Rezept eignet sich auch für Schlei oder Aal.

Bunte Gemüse - delikate Salate

Geben wir es gleich zu Anfang zu: Ohne Kartoffeln wäre unsere gute ostpreußische Küche gar nicht zu denken. Das sind allerdings nicht die wässerigen, grauen, lieblos behandelten Knollen, wie man sie hier im Westen häufig finden kann. Nein – zart müssen sie sein, goldgelb oder weiß und mehlig, wenn sie als Salzkartoffeln auf den Tisch kommen, schmackhaft und locker, wenn sie als Grundlage für Zusammengekochtes dienen, zart und sahnig als Stampfkartoffeln, fest und kroß, wenn sie als Bratkartoffeln die Pfanne verlassen – – immer aber mit Sorgfalt ausgesucht und behandelt.

Viele Namen gibt eine Mutter ihrem geliebten Kind, und so hat auch die Kartoffel bei uns ihre Kosenamen: die ‚Toffle', 'Schucke' oder ‚Schocke' kamen als ‚Weißblaue' oder ‚Blaublanke' in unsere Küche. Im Keller bekamen sie eine luftige Horde und wurden immer wieder gewendet und verlesen. Wenn die Bauernfrauen in alten Zeiten in die Häuser und auf die Märkte kamen, um ihre Kartoffeln anzubieten, dann kochten sie ein paar Knollen ab und boten sie zum Probieren an – so genau nahm man es damals mit den Erdfrüchten und ihrer Qualität!

Wenn auch nach der Statistik noch heute viele Haushalte ihren Wintervorrat einlagern, so werden wohl doch die meisten Kartoffeln auf den Märkten und in den Geschäften fertig abgewogen und eingetütet gekauft, weil die Aufbewahrungsmöglichkeiten fehlen. Dann sollten wir uns die Mühe machen, so lange zu probieren, bis wir die passenden Sorten gefunden haben, die mehligen für Salzkartoffeln, Brei und Eintöpfe, die festkochenden für Pellkartoffeln und Salate. Und wir sollten uns nicht scheuen, nein zu sagen, wenn man uns irgendwelche namenlosen Knollen anbieten will.

Und weil die Kartoffel eines der liebsten Kinder unserer Küche ist, wollen wir ihr erlauben, mit einer Reihe von Rezepten das Kapitel der Gemüse und Salate zu eröffnen. Manche erfahrene Hausfrau wird sich vielleicht wundern, daß wir auch so ‚kinderleichte' Gerichte wie Stampfkartoffeln oder Bratkartoffeln in unser Kochbuch aufgenommen haben. Aber was heute oft unter diesen altbekannten Bezeichnungen auf den Tisch gebracht wird, das hat nicht die entfernteste Ähnlichkeit mit der heimatlichen Zubereitungsart. Und da das Einfachste oft das Schwerste ist, haben wir uns bemüht, die kleinen Kniffe, die einst in den Familien von Generation zu Generation weitergegeben wurden, nun für die jüngeren und unerfahreneren Hausfrauen aufzuzeichnen.

Noch ein Wort zu den ostpreußischen Keilchen, die vor allem im Ermland, in der Gegend von Heilsberg, zu den kulinarischen Köstlichkeiten gehörten. Aus den unzähligen Rezepten haben wir einige herausgesucht, die nicht allzuviel Mühe machen und doch vorzügliche Gerichte ergeben. Natürlich können wir heute auch, wenn wir es eilig haben, auf die Fertigprodukte der Industrie zurückgreifen. Aber wir sollten die bewährte Zubereitungsweise doch wenigstens beherrschen und anwenden, soweit wir Zeit und Lust dazu haben.

Daß in der Gegend um Heilsberg so viele Keilchen gegessen wurden, lag übrigens daran, daß diese Gegend von Schlesiern besiedelt worden war. Das merkte man auch an dem besonderen Klang des heimatlichen Platt, das dort gesprochen wurde. Und der alte Spruch ‚Heilsberger Kailche, vom Scheffel drei bis vier' hatte folgenden Ursprung: Zu Großvaters Zeiten brachte man das Ge-

treide mit dem Pferdewagen nach Königsberg, das war eine Reise von vier bis fünf Tagen. Das Essen wurde mitgenommen. Man war sparsam mit den Dittchen, aber das Zehrbrot sollte doch gut und kräftig sein. So backte Mutter vom Scheffel (80 Pfund) Roggenmehl drei bis vier Brote, und damit sie sich frisch hielten, wurde in jedem Brot ein gutes Stück Speck oder Schinken eingebacken. Und weil auch die Obstkeilchen mit schmackhaftem Inhalt so zubereitet wurden, hatte man die Bezeichnung auf das Zehrbrot übertragen.
Nach diesem kleinen Ausflug in die Geschichte unseres Landes wollen wir uns nun den Rezepten zuwenden, die Sie daran erinnern sollen, daß auch die heute so oft verachtete Kartoffel eine köstliche Gabe Gottes sein kann.

Wieder ein alter Bekannter: Fisch mit Sauerkohl (schlagen Sie bitte zurück, auf Seite 61 finden Sie ihn wieder)! In dem vergilbten Königsberger Kochbuch hat Juliane Amalie ihn unter die Gemüsegerichte aufgenommen, daher finden Sie das Rezept als Einstimmung zu diesem Kapitel. Nur – welche Hausfrau wäre heute noch bereit (und geschickt genug), die ganze Geschichte zwischen Kohlen zu überbacken? Nichts gegen die gute alte Zeit der Postkutsche – aber wer möchte wohl heute noch den praktischen Elektroherd gegen so ein Monstrum von damals eintauschen?

ein Paar Citronenscheiben dazu, kann auch Kapern und klein gehackte Sardellen daran legen, auch etwas Wein darauf gießen, und läßt es alsdenn noch ein wenig kochen.

55. Sauerkohl mit Pflückhecht.

Der Sauerkohl wird wie gewöhnlich gar und mit Butter fett gemacht. Der Hecht wird geschuppt, mit Salz und ganzen Gewürzen gar gekocht, alsdenn das Fleisch von den Gräten gepflückt. Man beschmiert eine zinnerne Schüssel fett mit Butter, legt eine Lage Hecht, dann eine Lage Sauerkohl und wechselt damit, doch so, daß oben eine Lage Sauerkohl kommt; auch kann man unter die Hechte einige ausgemachte Krebsschwänze nehmen. Man gießt etwas von der Sauerkrautbrühe oder auch ein Glas weißen Wein darauf, legt oben einige Stückchen Butter und streut geriebenes Weißbrot darüber; andere flechten ein Gitter von Butterteig darüber. Man streut Sand in eine Tortenpfanne, setzt die Schüssel hinein, deckt den Deckel darüber, gibt oben und unten Kohlen, so lange bis der Sauerkohl von oben gebacken oder der darüber gelegte Teig gar ist.

56. Kartoffeln mit Butter.

Die Kartoffeln werden abgewaschen und gut abgerieben, wodurch sich bei den jungen Kartoffeln die Schale abreibt; wenn sie älter sind, werden sie abgeschrapt, oder man

Bunte Gemüse - delikate Salate

Petersilienkartoffeln

750 bis 1000 g Kartoffeln, 1 Teel. Salz, bei neuen Kartoffeln 1 Teel. Kümmel, 3 Eßl. Butter, 2 Eßl. feingehackte Petersilie.

Die neuen Kartoffeln werden (siehe Pellkartoffeln) gar gekocht, abgedämpft, gleich abgezogen und in einem Topf mit der zerlassenen Butter gut durchgeschwenkt. Evtl. noch etwas nachsalzen und noch ein paarmal mit der gehackten Petersilie schwenken, sehr heiß zu Tisch geben. Ältere Kartoffeln nach dem Abziehen in Stücke schneiden und weiterbehandeln wie neue Kartoffeln. Zu Bratklops, Bratfisch oder Karbonade.

Kartoffelhörnchen

250 g gekochte, geriebene Kartoffeln, 300 g Mehl, 75 g Zucker, 1 Päckch. Backpulver, 3 Tropfen Bittermandel-Aroma, 1 Ei, 1 Eßl. Wasser, 50 g Butter, Marmelade zum Füllen, 1 Eßl. Milch zum Bestreichen.

Pellkartoffeln heiß abpellen und reiben oder warm durch die Kartoffelpresse geben. Eiweiß zu Schnee schlagen, Eigelb beiseite stellen. Alle Zutaten zu einem geschmeidigen Teig verarbeiten, ausrollen und beliebig große Dreiecke ausradeln. Marmeladenfüllung in die Mitte geben, Hörnchen von der Breitseite her aufrollen, in Form biegen, Milch mit Eigelb verquirlen und Hörnchen damit einpinseln, bei guter Hitze in etwa 15 Minuten abbacken. Heiß oder kalt reichen.

Bierkartoffeln

750 g Pellkartoffeln, 1/4 Liter Braunbier, 1/4 Liter Brühe, 40 g Kochpfefferkuchen, 1 Eßl. Zucker, 1 Zwiebel, 4 Nelken, 1/2 Lorbeerblatt, etwa Essig oder Zitronensaft, 1 Teel. Kartoffelmehl.

Die Pellkartoffeln nicht zu weich kochen, abpellen und in dicke Scheiben schneiden. Die übrigen Zutaten zusammen aufkochen, etwa 15 Minuten leise ziehen lassen, Brühe durch ein Sieb gießen, aufkochen, mit dem Kartoffelmehl andicken und kräftig süß-sauer abschmecken. Kartoffelscheiben hineingeben und auf kleinem Feuer noch etwa 15 Min. dünsten lassen. Diese Bierkartoffeln nach einem alten ostpreußischen Gutsrezept schmecken ausgezeichnet zu Rindfleisch.

Pellkartoffeln

750 bis 1000 g gleichmäßig große Kartoffeln, 1 Teel. Salz, bei jungen Kartoffeln 1 Teel. Kümmel.

Die ersten Frühkartoffeln werden unter fließendem Wasser gebürstet und von den feinen abstehenden Häuten befreit, mit kochendem Wasser, Kümmel und Salz aufgesetzt und in etwa 15 bis 20 Minuten gargekocht. Das Wasser abgießen und die anhängende Feuchtigkeit unter Schütteln im Topf auf der Kochplatte verdampfen lassen. Ältere Kartoffeln werden gesäubert, mit kaltem Salzwasser aufgesetzt und ebenso behandelt. Werden die Pellkartoffeln für Bratkartoffeln verwendet, genügt es, sie nur 10 Minuten zu kochen. Sie werden abgepellt und noch warm in Scheiben geschnitten. Kleine Salatkartoffeln brauchen meist nur 12 Minuten Kochzeit. Auch sie werden abgedämpft, sofort abgepellt, noch warm in Scheiben geschnitten und in die Marinade gegeben.

Salzkartoffeln

Etwa 750 bis 1000 g mehlige Kartoffeln, $1/2$ Teel. Salz, Petersilie.

Der besondere Geschmack vieler ostpreußischer Gerichte hängt nicht zuletzt davon ab, ob es gelingt, die mehligen, leicht zerfallenden Salzkartoffeln dazu zu reichen, wie sie zu Hause überall auf den Tisch kamen. Sie werden gewaschen, dünn geschält, die Augen sorgfältig ausgestochen und die Erdfrüchte in große Stücke geschnitten. Wir bedecken sie gerade mit kaltem Wasser, lassen aufkochen, fügen das Salz hinzu und lassen die Kartoffeln etwa 15 bis 20 Minuten kochen, die Winterkartoffeln brauchen etwas länger. Sobald sie gar sind, sofort das Wasser abgießen und die Kartoffeln im offenen Topf bei milder Hitze abdämpfen, dabei Topf immer wieder vom Feuer nehmen und schütteln, bis sie zerfallen.

Kartoffelbrei

1500 g mehlige Salzkartoffeln oder Pellkartoffeln, etwa $3/8$ Liter Milch, 3 Eßl. Butter.

Die gar gekochten Salzkartoffeln oder Pellkartoffeln werden leicht abgedämpft und (Pellkartoffeln geschält) durch die Presse gegeben oder im Mixer geschlagen. Milch zum Kochen bringen, Butter hineingeben und mit den durchgedrückten Kartoffeln so lange rühren, bis der Brei sahnig und hell wird. Nach Geschmack salzen, evtl. etwas heiße Milch nachgießen. Nach ostpreußischer Art wurde der Kartoffelbrei oft mit ausgelassenen, gebräunten Speckspirgeln und leicht gebräunten Zwiebelringen zu Tisch gegeben, meistens mit gehackter Petersilie überstreut. Er paßt zu vielen Gerichten, vor allem zu kurzgebratenem Fleisch, zu Bratfisch, Leber und allen Ragouts, ebenso zu Setzeiern (Spiegeleiern). Im Sommer ist der Brei mit Speckspirgeln und Schmandsalat ein leichtes, sättigendes Mittagessen. Dazu gibt es für jeden ein Glas kühle Buttermilch.

Kartoffelrand

1000 g mehlige Kartoffeln, 4 Eßl. Butter, 3 Eier, 2 Eßl. Mehl, 4 Eßl. saurer Schmand, evtl. 2 Eßl. geriebener Käse.

Pellkartoffeln kochen, abpellen, durch die Presse geben wie zu Kartoffelbrei. Butter sahnig rühren, die Kartoffeln, das Mehl, die mit der Sahne verrührten Eigelb, etwas Salz, nach Geschmack geriebenen Käse gut mischen und zum Schluß das zu steifem Schnee geschlagene Eiweiß unterheben. Die Masse in eine gut ausgebutterte, mit etwas Reibbrot ausgestreute Randform geben. In den vorgeheizten Ofen schieben und in etwa 45 Minuten bei mäßiger Hitze backen. Den Kartoffelrand auf eine runde Platte stürzen. Er wird gefüllt mit Fleisch- oder Fischragout, Gulasch, feinem Gemüse in Schmandsoße oder Pilzen.

Kartoffelbällchen

750 g mehlige Kartoffeln, 4 Eßl. Mehl, 5 Eigelb, 3 Eßl. Butter, Reibbrot, Fett zum Ausbacken.

Pellkartoffeln kochen, abziehen, durch die Presse geben und über Nacht kühl stellen. 3 Eigelb mit der geschmolzenen Butter verrühren, mit Mehl, Salz und den Kartoffeln mischen. Kleine Bällchen formen (oder längliche Stäbchen), mit Mehl bepudern, in dem mit etwas Wasser und Salz verschlagenen Eigelb wälzen, dann in dem geriebenen Weißbrot. In heißem Öl oder Plattenfett schwimmend ausbacken (immer in kleinen Mengen), abtropfen lassen. Zum Schluß alle Bällchen noch einmal in das Fett geben, kroß backen und abgetropft gleich zu Tisch geben. Sie schmecken vorzüglich zu feinem Gemüse, zu Ragout aus Fleisch oder Fisch und zu Bratenresten.

Balbäuschen

500 g gekochte, geriebene Kartoffeln, 500 g Mehl, 1/4 Liter Milch, 4 Eier, 40 g Hefe, 1 Teel. Salz.

Pellkartoffeln nicht zu weich kochen, abziehen und noch warm durch die Kartoffelpresse geben, erkalten lassen. Aus Mehl, lauwarmer Milch, einer Prise Zucker und der zerbröckelten Hefe ein Hefestück ansetzen, gehen lassen. Mit den übrigen Zutaten mischen, noch einmal aufgehen lassen. In einer tiefen Pfanne oder einem Topf Öl oder reines Pflanzenfett erhitzen, bis sich um einen hineingehaltenen Löffelstiel Bläschen bilden, mit einem Löffel kleine Portionen von dem Teig abstechen, zu Bällchen formen und in dem Fett schwimmend ausbacken (nicht zuviel auf einmal!). Zum Schluß noch einmal alle Balbäuschen in das heiße Fett geben, gut abtropfen lassen und mit Zucker und Zimt und beliebigem Kompott heiß zu Tisch geben. Wir können die Balbäuschen auch auf ein gefettetes Blech setzen und im heißen Ofen abbacken.

Kartoffelflinsen I

1000 g rohe, geschälte Kartoffeln, 2 Eier, 2 Eßl. Mehl oder Kartoffelmehl, etvtl. eine kleine Zwiebel, 1 Eßl. Salz, Fett zum Backen.

Die Kartoffeln reiben (bei neuen etwas Kartoffelwasser abschöpfen), mit den übrigen Zutaten mischen (Zwiebel nur daranreiben, wenn die Puffer nicht mit süßen Zutaten gegessen werden). Jeweils 1 Eßl. von der Masse in die Pfanne mit heißem Fett geben, mit dem Löffel flach streichen und auf beiden Seiten kroß backen. Kartoffelflinsen schmecken am besten frisch aus der Pfanne, wir backen sie also in zwei Pfannen nebeneinander oder geben jeweils eine Pfannenfüllung gleich zu Tisch. Sie werden mit Zucker oder Zimtzucker bestreut, mit Apfelmus und Preiselbeeren gegessen oder es gibt eine Tasse Kaffee oder eine Obstkaltschale (Blaubeeren!) dazu. In manchen Gegenden wurden in der Pfanne zuerst Speckspirgel ausgelassen und die Flinsen in diesem Fett gebraten und mit den Spirgeln zu Tisch gegeben.

Schmandkartoffeln

1000 g Pellkartoffeln, 1/4 Liter saure Sahne, 1 Bündchen Dill oder Petersilie, 2 Eßl. Butter, 100 g gekochter Schinken.

Die Kartoffeln nicht ganz weich kochen, abpellen und in Scheiben schneiden. Den Schinken würfeln. 1 1/2 Tassen Brühe (auch aus Brühwürfeln) aufkochen, die Kartoffeln hineingeben und einmal aufkochen lassen. Die Sahne und die Schinkenwürfel hinzugeben und das Gericht auf kleinem Feuer in etwa 20 Minuten gar werden lassen. Vom Feuer nehmen, mit der Butter verfeinern und mit gehacktem Dill oder Petersilie überstreuen. Dazu gibt es frischen Salat.

Kartoffelflinsen II

500 g gekochte, geriebene Kartoffeln, 3 Eßl. Mehl oder Grieß, 2 Eier, 1 Eßl. zerlassene Butter, 1 Teel. Salz, Reibbrot zum Panieren, Fett zum Backen.

Die am Vortag gekochten, gleich geriebenen oder durchgepreßten Kartoffeln mit den übrigen Zutaten und einem Teel. Salz mischen, zu kleinen Flinschen oder Plätzchen oder Keilchen formen, mit der geriebenen Semmel panieren, in heißer Butter oder Schmalz in der Pfanne hellbraun backen und heiß zu Tisch geben als Beilage für Braten oder Gemüse oder Bratklopse. Sie können die Masse auch mit etwas geriebener Muskatnuß, mit geriebenem Käse oder Tomatenketchup verfeinern. Lassen wir das Salz fort und geben statt dessen 1 Eßl. Zucker und etwas abgeriebene Zitronenschale in den Teig, dann können wir sie wie Balbäuschen mit Zucker und Zimt oder mit Kompott zu Tisch geben.

Kartoffelkeilchen I

1000 g rohe Kartoffeln, 350 g gekochte Pellkartoffeln, 2 Eier, 1 bis 2 Eßl. Mehl oder Kartoffelmehl, 125 g Räucherspeck, zwei Zwiebeln, 2 Eßl. Butter.

Die geschälten, rohen Kartoffeln reiben, Kartoffelwasser ablaufen lassen oder in einem Tuch etwas auspressen. Die am Tag zuvor gekochten, geriebenen oder durchgepreßten Kartoffeln hinzufügen, mit Eiern, Mehl und Salz zu einer festen Masse verarbeiten. Salzwasser zum Kochen bringen, entweder runde oder längliche Keilchen formen und in dem leise siedenden Wasser ohne Deckel garziehen lassen. Keilchen herausnehmen. Inzwischen Speck und Zwiebeln in der Butter kroß werden lassen, in einer Schale gesondert zu den Keilchen reichen. Wer fettes Essen liebt und verträgt, kann natürlich mehr Butter dazu nehmen. Diese Keilchen schmecken auch aufgebraten vorzüglich. Ohne Speck und Butter werden sie gern zu Schmorbraten, Gänsebraten oder Schweinebraten gegessen.

Kartoffelkeilchen II

1000 g Pellkartoffeln, 4 Eßl. Butter, 3 Eier, etwa 150 g Mehl.

Die Kartoffeln werden am Vortag gekocht und gerieben oder noch warm durch die Presse gegeben. Die Butter sahnig rühren, die Kartoffeln und die übrigen Zutaten untermischen, salzen; die Menge der Mehlzugabe richtet sich nach dem Feuchtigkeitsgehalt der Kartoffeln. Mit bemehlten Händen runde oder längliche Keilchen formen und in leise kochendem Salzwasser etwa 25 Minuten ziehen lassen. Gut zu allen fetten Braten.

Kartoffelkeilchen III

1000 g geschälte, geriebene Kartoffeln, 1 Ei, 2 trockene Brötchen, 2 Eßl. Butter.

Die Kartoffeln in eine mit Wasser gefüllte Schüssel reiben, vorsichtig in ein Tuch gießen und mit dem Kartoffelmehl, das sich am Boden der Schüssel abgesetzt hat, vermischen, das Ei dazugeben, kräftig salzen. Mit nassen Händen nicht zu kleine, runde Keilchen formen, in jedes Semmelwürfel geben, die wir in der Butter geröstet haben. Die Keilchen in leicht gesalzenem Wasser in etwa 25 Minuten garziehen lassen. Diese Keilchen schmecken ausgezeichnet zu allen fetten Braten. Übriggebliebene Keilchen werden in dicke Scheiben geschnitten und in Butter von beiden Seiten knusprig gebraten.

Bratkartoffeln

1000 g Kartoffeln, 3 Eßl. Schmalz oder Butter, Speck, Zwiebeln nach Belieben.

Pellkartoffeln nicht ganz weich kochen, abpellen, in Scheiben oder Würfel schneiden, salzen, in dem heißen Fett in der Pfanne braun und kroß braten. Nach ostpreußischer Art werden zunächst Würfel von durchwachsenem Speck in dem Fett angeröstet, dann die Kartoffeln und zum Schluß die Zwiebelwürfel dazugeben und alles kroß gebraten.
Mit den gleichen Zutaten können wir auch Bratkartoffeln aus rohen Kartoffeln herstellen. Die Kartoffeln werden geschält und in Scheiben geschnitten. Fett erhitzen, Kartoffelscheiben hineingeben und salzen. Mit geschlossenem Deckel etwa 10 Minuten dünsten lassen, evtl. 1 bis 2 Eßl. Wasser hineingeben. Dann den Deckel abnehmen, die Kartoffeln (nach Belieben ebenfalls mit Speck und Zwiebeln) hellbraun braten.

Heilsberger Keilchen

1000 g geriebene, rohe Kartoffeln, 350 g geriebene, gekochte Kartoffeln, 2 Eier, 1 Eßl. Mehl oder Kartoffelmehl, 1 Teel. Salz, 2 Eßl. Essig, 125 g Räucherspeck, 2 Zwiebeln, 2 Eßl. Butter.

Die geriebenen, rohen Kartoffeln in einem Tuch auspressen, mit den gekochten, geriebenen und erkalteten Kartoffeln, Eiern, Mehl und Salz zu einem festen Teig verarbeiten. Gut ein Liter Wasser zum Kochen bringen, salzen, die kleinen, länglichen Keilchen mit einem Löffel abstechen und ins leise siedende Wasser geben. Zum Schluß sollen die Keilchen gerade vom Wasser bedeckt sein. Sind sie gar, wird die Brühe mit Salz und Essig abgeschmeckt. Inzwischen haben wir den gewürfelten Speck und die gewürfelten Zwiebeln in etwas Butter kroß gebraten. Sie werden über das Gericht gegeben, das noch mit etwas Butter verfeinert wird. In Heilsberg und Umgebung kannte man dies Gericht unter dem Namen ‚Schucke-Keilche'.

Bauernfrühstück

750 g Pellkartoffeln, 6 bis 8 Eier, 100 g Butter, 125 g Räucherspeck oder roher oder gekochter Schinken, etwas Pfeffer, Schnittlauch, evtl. Majoran.

Die Kartoffeln nicht ganz weich kochen, abpellen, in Scheiben oder Würfel schneiden. Den Räucherspeck in der Butter anbraten, die Kartoffeln dazugeben, leicht salzen und unter Wenden hellbraun braten. Die Eier mit etwas Wasser oder Milch, Pfeffer, Salz (und, wenn es heimatlich schmecken soll, 1 Teel. Majoran) gut verquirlen, über die Kartoffeln gießen und das Bauernfrühstück auf der Unterseite bräunen lassen. Evtl. auf heißen Deckel gleiten lassen und auch an der anderen Seite leicht bräunen. Auf eine vorgewärmte Platte gleiten lassen und zusammenklappen. Mit Schnittlauch bestreuen (oder den Schnittlauch bereits in die Eimasse geben). Wenn wir das Gericht lieber mit rohem oder gekochtem Schinken zubereiten, dann würfeln wir ihn und geben ihn erst über die Kartoffeln, wenn sie schon fast braun sind.

Nun haben wir Ihnen so viel von den Kartoffeln erzählt, von den Weißblanken und den Blaublanken, daß wir schon beinahe ein schlechtes Gewissen haben müssen wegen der anderen Gemüse, die doch auch in unserer Küche eine große Rolle spielen – dem Spruch zum Trotz, den wir schon einmal zitierten: ‚Fleisch ist das beste Gemüse . . .'

Nein, Stiefkinder waren die Gemüse in unserer Küche ganz gewiß nicht. Und ob sie nun im eigenen Garten gewachsen waren oder auf dem Markt erstanden wurden: auf Qualität legte die Hausfrau großen Wert. Welche Königsbergerin erinnert sich nicht an die dunklen Kähne, die aus der Niederung kamen, mit den goldgelben ‚Zipple', den Zwiebeln, mit weißem, zartem Lauch oder mit den prallen Kohlköpfen! Da war es vor allem der Weißkohl, der bei uns als Schmorkohl oder als Langkohl sehr geschätzt war. Es ist schwer, ihn hier im Westen in der gleichen Geschmacksrichtung zu bekommen, am ähnlichsten ist ihm noch der Spitzkohl, der allerdings recht teuer ist.

Bleiben noch die Pilze. Nicht nur die ‚Geelerkes', wie wir die Pfifferlinge nannten, auch die herrlichen Reizker, die Steinpilze und Birkenpilze, ferner viele unbekannte Sorten wuchsen in den ostpreußischen Wäldern, dazu die aromatischen Wiesenchampignons auf den Weiden. Dieser Reichtum war so groß, daß weder die Pilzweiberchen, die ihre Beute auf den Märkten verkauften, noch die vielen leidenschaftlichen Sammler, die es bei uns gab, ihn je ausschöpfen konnten. Hier im Westen müssen wir schon nahe an einem Pilzwald wohnen oder tief in den Geldbeutel greifen, um ein Gericht Pilze auf den Tisch bringen zu können.

Stangenspargel

1250 g Spargel, 1 Prise Zucker, 125 g Butter.

Die Spargelstangen unter fließendem Wasser rasch säubern, dünn schälen und die holzigen Enden abschneiden. Schalen und Endstücke mit kaltem, leicht gesalzenem Wasser bedecken und etwa 20 Minuten ziehen lassen. Brühe durchgießen und wieder zum Kochen bringen, Prise Zucker und 1/2 Eßl. Butter dazugeben und den Spargel in etwa 20 bis 25 Minuten darin gar kochen. Mit neuen Kartoffeln und zerlassener Butter zu Tisch geben. Als Beilage eignen sich geräucherter Schinken oder Koteletts. – Bei uns zu Hause wurde der Spargel auch häufig mit Holländischer Soße gegessen, dann verzichten wir auf jede andere Beilage.

Spargelgemüse

1000 g Spargel, 4 Eßl. Butter, 2 Eßl. Mehl, 2 Eigelb, 1/2 Tasse süßen Schmand, Prise Zucker.

Die Spargel vorbereiten wie bei Stangenspargel, in etwa 6 cm lange Stücke schneiden, in dem Spargelwasser kochen. Inzwischen aus 4 Eßl. Butter und 2 Eßl. Mehl eine helle Schwitze machen, mit Spargelwasser auffüllen (sie muß dick bleiben), mit den in der Sahne verquirlten Eigelb abziehen, mit Salz, Zitronensaft und einer Prise Zukker abschmecken. Die Spargel in die Soße geben und zu Salzkartoffeln und Karbonade reichen.

Holländische Soße

125 g Butter, 1 Teel. Mehl, 5 Eigelb, 2 Eßl. Zitronensaft, Prise Zucker.

In einem Gefäß, das man ins kochende Wasserbad stellen kann, Eigelb, Zitronensaft und Mehl gut verquirlen, Topf ins Wasserbad stellen und mit dem Rührgerät oder dem Handmixer weiter durchquirlen, bis die Masse dickflüssig wird. Dann die Butter – entweder zerlassen oder nach und nach in kleinen Stücken – unter ständigem Rühren hinzufügen, evtl. noch 1 bis 2 Eßl. Brühe. Die Soße soll cremig sein. Vorsichtig mit Salz, einer Prise Zucker, evtl. etwas Suppenwürze abschmecken. Sehr gut zu Spargel, Blumenkohl, Geflügel oder Fisch. Wir können auch 2 Eßl. Weißwein mit dem Eigelb vermischen.

Gestowtes Gemüse

500 g Mohrrüben, 500 g ausgepalte junge Erbsen, 4 Eßl. Butter, 2 Eßl. Mehl, 1 Tasse Brühe, Prise Zucker, Petersilie.

2 Eßl. Butter im Topf zerlaufen lassen, das vorbereitete Gemüse darin durchschwenken, salzen, mit der Brühe auffüllen und weich dünsten. Aus der restlichen Butter und dem Mehl eine helle Schwitze machen, mit der Gemüsebrühe auffüllen und das Gemüse hineingeben. Mit Petersilie bestreuen. – Auf diese Weise wurden in Ostpreußen auch grüne Bohnen, Wruken, Kohlrabi und Rosenkohl sowie Teltower Rübchen zubereitet. Wenn man heute diesen Geschmack erzielen will, dünstet man das Gemüse wie angegeben, verteilt zum Schluß Butterflöckchen darüber, gibt durch ein feines Sieb etwas Mehl über das Gericht und rührt alles gut durch. Auf diese Weise wird das Gemüse zwar sämig, aber nicht so kalorienreich wie früher.

Mohrrüben

1000 g Karotten (Wurzeln), 4 Eßl. Butter, 4 Eßl. Brühe, Prise Zukker, Petersilie.

Die Mohrrüben putzen, in Scheiben, Würfel oder Stifte schneiden, Butter zerlassen, Mohrrüben darin schwenken und mit 4 Eßl. Brühe im geschlossenen Topf weich dünsten. Früher wurden die Mohrrüben meist mit etwas übergestäubtem Mehl gebunden oder mit einer kleinen Mehlschwitze und etwas Brühe sämig gemacht. Heute nimmt man wenig Flüssigkeit zum Dünsten und mischt die Mohrrüben zum Schluß mit einem Stich Butter und viel gehackter Petersilie.

Junge Erbsen

1000 g Erbsenschoten, 5 Perlzwiebeln, 4 Eßl. Butter, Prise Zucker, etwas Mehl, 1 Bund Petersilie.

Die Erbsen auspalen, die Perlzwiebeln schälen und in 2 Eßl. Butter weich dünsten. Erbsen hineingeben, eine Messerspitze Mehl darüberstäuben, mit wenig Salz und einer Prise Zucker abschmecken, etwa 3 Eßl. Brühe hinzugeben, auf kleiner Flamme in 5 bis 10 Minuten gardünsten. Mit 2 Eßl. frischer Butter durchschwenken, mit Petersilie bestreuen. – Erbsen aus der Dose in der Flüssigkeit erhitzen, beim ersten Aufkochen rasch durchs Sieb gießen, mit Butter und Petersilie durchschwenken und gleich zu Tisch geben.

Schabbelbohnen mit Schmand

750 g grüne Bohnen, 300 g geräucherter Bauchspeck, 500 g Kartoffeln, 1 Tasse Buttermilch, 1 Tasse saure Sahne, 1 Portion Bohnenkraut, 1 Eßl. Butter.

Die Bohnen werden geschnippelt (schräg in kleine Stückchen geschnitten), mit dem Bohnenkraut und dem Bauchspeck in einen Topf getan, mit kochendem Wasser bedeckt und 25 Minuten gekocht. Dann kommen die in Würfel geschnittenen Kartoffeln dazu. Ist das Gericht gar, wird eine rohe Kartoffel, feingerieben, hineingegeben, dann Buttermilch und saurer Schmand. Mit Salz, Pfeffer, einer Prise Zucker würzig abschmecken und mit der Butter verfeinern. Bauchspeck herausnehmen, in Würfel schneiden, die wieder zu dem Gericht gegeben werden. Auch eine Kochwurst paßt gut dazu.

Palbohnen

750 g weiße, frische Palbohnen, 400 g durchwachsener Räucherspeck oder Pökelnacken, 1 Tasse Buttermilch, 1 Eßl. Mehl, 1/8 Liter saurer Schmand, 1 Teel. Bohnenkraut, Pfeffer, 2 Eßl. Butter.

Die Bohnen und der Speck werden mit kochender Brühe bedeckt und in etwa 25 Minuten weich gekocht. Mehl mit Buttermilch anrühren, hineingeben, durchkochen lassen, dann mit saurer Sahne verfeinern. Salzen, pfeffern und Pfefferkraut hineingeben, noch einige Minuten kochen lassen, dann mit der Butter und einer Prise Zucker abschmecken. Dazu gibt es Salzkartoffeln. Evtl. 2 bis 3 Mohrrüben mitkochen.

Bohnen und Birnen

500 g grüne Bohnen, 500 g Kochbirnen, 300 g geräuchertes Bauchstück, 1 Bündchen Bohnenkraut, Prise Zucker, 2 Eßl. Butter.

Die grünen Bohnen waschen und in Stücke brechen, mit kochender Brühe bedecken, 1 Eßl. Butter hineingeben, etwa 15 Minuten kochen. Die Birnen nicht schälen, aber waschen, teilen und Kerngehäuse entfernen. Zu den Bohnen geben und noch etwa 20 Minuten leise kochen lassen. Die restliche Butter in Flöckchen auf das Gericht geben, etwas Mehl überstreuen, unterrühren und gut durchkochen lassen. Mit Salz und Zucker würzig abschmecken; in manchen Gegenden kam noch etwas Essig hinzu. Bauchstück aufschneiden, Salzkartoffeln dazu reichen.

Rote-Beeten-Gemüse

1000 g Rote Beeten, 2 Eßl. gewürfelter Speck, 2 Eßl. Butter, 2 Eßl. Mehl, 1 Zwiebel, 1 Teel. Kümmel, 1 Prise Zucker, 2 Eßl. Essig, 1/8 Liter saure Sahne.

Die Roten Beeten mit der Schale waschen, mit Wasser bedecken und in etwa 40 Minuten weichkochen. Abziehen, in Würfel oder Scheiben schneiden. Aus dem gewürfelten Speck, der gewürfelten Zwiebel, der Butter und dem Mehl eine hellbraune Schwitze machen, mit 1 Tasse Brühe ablöschen, mit saurer Sahne verfeinern und mit Zukker, Kümmel, Salz und Essig abschmecken. Die Roten Beeten hineingeben. Dazu gibt es Kartoffelbrei und Bratklops oder Salzkartoffeln und Bratwurst.

Kohlrabi

750 g geputzter Kohlrabi, 4 Eßl. Butter, 2 Eßl. Mehl, 1/8 Liter süßer Schmand, Prise Zucker, eine Tasse Brühe.

Kohlrabi schälen, holzige Stücke entfernen, in Würfel oder Stifte schneiden, in der kochenden Brühe mit einem Stich Butter, Salz und der Prise Zucker in etwa 15 Minuten garen. Von der restlichen Butter und dem Mehl eine helle Schwitze machen, mit der Kohlrabibrühe und der Sahne auffüllen, zum Schluß die feingewiegten kleinen Kohlrabiblätter oder Petersilie überstreuen. Sehr gut zu Bratklops oder Bratwurst.

Wruken

1000 g geschälte, geputzte Wruken, 2 Tassen Brühe, 4 Eßl. Butter, 1 Eßl. Zucker, Majoran nach Belieben.

Die Wruken (Steckrüben) in Scheiben schneiden, dann in Würfel oder Stifte. Die Butter mit dem Zucker anbräunen. Nun entweder die Wruken in dem Fett von allen Seiten rasch Farbe annehmen lassen und mit Brühe aufgießen oder die Butter/Zukker-Mischung mit der Brühe aufgießen und die Flüssigkeit über die Wruken schütten. Etwa 40 Minuten auf mildem Feuer dünsten lassen. Gegen Ende der Garzeit mit Salz und Majoran abschmekken. Wir können auch 300 g Kartoffelwürfel gleich zu dem Gericht geben und mit garen lassen, sonst werden Salzkartoffeln extra dazu gereicht. Dazu paßt frisches Bauchfleisch in Scheiben, das wir in der Pfanne mit etwas Butter langsam geröstet haben.

Speckstippe

100 g geräucherter, durchwachsener Speck, 2 mittelgroße Zwiebeln, 2 Eßl. Butter oder Schmalz.

Das Fett in der Pfanne heiß werden lassen, den gewürfelten Speck hineingeben und bei milder Hitze ausbraten, bis die Würfel gelblich geworden sind. Die gewürfelten Zwiebeln dazugeben und alles unter Wenden eine schöne, hellbraune Farbe annehmen lassen. Diese Speckstippe schmeckt ausgezeichnet zu Pellkartoffeln oder Kartoffelbrei, auch zu Apfelkartoffeln. – Für eine Specksoße werden 2 Eßl. Mehl mitgeröstet, bis die Masse hellbraun geworden ist, mit 1 bis 2 Tassen Brühe aufgefüllt und abgeschmeckt. Der bei heimatlichen Gerichten beliebte süß-saure Geschmack wird erzielt, wenn man die Soße mit 1 Eßl. Essig und einer Prise Zucker kräftig abschmeckt. Die Soße paßt zu Linsengemüse, Grauen Erbsen, Schmorgurken oder Pellkartoffeln.

Zwiebelkartoffeln

1000 g Kartoffeln, 250 g Zwiebeln, 4 Eßl. Butter oder Schmalz, 2 Tassen Brühe.

Die Kartoffeln schälen und roh in Scheiben schneiden. Die Zwiebeln schälen und in Scheiben schneiden, leicht salzen, in dem Fett andünsten, bis sie glasig aussehen. Kartoffeln und Zwiebeln in einen Topf geben, mit der Brühe übergießen, 50 bis 60 Minuten bei milder Hitze dünsten lassen. Eine gute Beilage zu Bratwurst oder Bratklops.

Gefüllte Zwiebeln

4 große Gemüsezwiebeln, 200 g gehacktes Rindfleisch, 200 g gehacktes Schweine- oder Kalbfleisch, 1 eingeweichte Semmel, 6 Eßl. Butter, 100 g Räucherspeck, 1 Teel. Zucker, Pfeffer, 1 Tasse Brühe.

Die Zwiebeln schälen, je einen Deckel abschneiden, so aushöhlen, daß die Zwiebeln unten geschlossen bleiben. Aus dem Hackfleisch, Salz, Pfeffer, der ausgedrückten Semmel, dem gehackten Inneren der Zwiebel, 2 Eßl. Wasser einen lockeren Klopsteig kneten, in die Zwiebeln füllen, Deckel aufsetzen. Speckscheiben in der Butter mit Zucker zusammen hellbraun werden lassen, die mit Fäden umwickelten Zwiebeln hineingeben und rundum bräunen. Mit der Brühe ablöschen und auf kleinem Feuer etwa 30 bis 40 Minuten dünsten lassen. Die Soße mit etwas Kartoffelmehl binden und das Gericht mit Salzkartoffeln zu Tisch geben.

Porree

1250 g Gemüseporree, 4 Eßl. Butter, 1 Eßl. Mehl, 3 Eßl. saurer Schmand.

Die Porreestangen gründlich waschen und putzen, Butter im Topf zergehen lassen, die Stangen mit dem noch anhaftenden Waschwasser, in passende Stücke geschnitten, hineingeben und von allen Seiten andünsten. Leicht salzen. Dann Deckel fest schließen und die Porreestangen im eigenen Saft in etwa 20 bis 30 Minuten garen. Das Mehl durch ein kleines Sieb leicht überstäuben, durchrühren und das Gericht mit Salzkartoffeln zu Tisch bringen. Das Gemüse paßt gut zu Bratklops oder anderem kurzgebratenen Fleisch (Steak, Schnitzel, Karbonade). Es ist aber auch ohne Fleisch ein Festessen.

Gurkengemüse

1000 g Gemüsegurken, 2 Eßl. Essig, Prise Zucker, 3 Eßl. gewürfelter Räucherspeck, 3 Eßl. Butter, 2 Eßl. Mehl, 1 Bündchen Dill, 1/8 Liter saure Sahne.

Die Gurken schälen, halbieren, die Kerne herauskratzen. Gurken in Streifen, dann in fingerlange Stücke schneiden. Mit dem Essig beträufeln, leicht salzen und beiseite stellen. Aus Butter, Speckwürfeln und Mehl eine helle Schwitze machen, mit dem Gurkenwasser, das sich inzwischen gebildet hat, ablöschen und mit der Sahne mischen. Gurkenstücke in der dicken Soße glasig werden lassen, Soße mit Salz und Zucker abschmecken, zuletzt den Dill überstreuen. Dazu: Salzkartoffeln und Bratklops, Karbonade oder Bratwurst.

Gefüllte Gurken

1000 g Gurken, 2 Eßl. Essig, 200 g Rinder-, 200 g Schweinehack, Pfeffer, 6 Eßl. Butter, 2 Eßl. gewürfelter Räucherspeck, eine Zwiebel, 2 Eßl. Mehl, 1 Tasse Brühe, 1/8 Liter saure Sahne, Prise Zucker.

Die Gurken schälen, halbieren, die Kerne auskratzen. Mit dem Essig, einer Prise Zucker und etwas Salz eine Stunde marinieren. Die Klopsmasse mischen und würzen, in die Gurkenhälften füllen, diese zusammenklappen und umschnüren. In 3 Eßl. Butter von allen Seiten andünsten, Marinade und Brühe angießen, etwa 25 Minuten auf kleinem Feuer kochen lassen. Aus der restlichen Butter und dem Mehl eine helle Schwitze machen, mit der Brühe aufgießen, mit der Sahne verfeinern, mit Salz und Zucker kräftig abschmecken. Fäden ablösen, Gurke in dicke Scheiben schneiden und mit Salzkartoffeln zu Tisch geben. Ein Sträußchen Dill, feingehackt, rundet den Geschmack ab.

Zwiebelgemüse

4 große Gemüsezwiebeln, vier große, säuerliche Äpfel, 6 Eßl. Butter, 1 Teel. Zucker, 1 Eßl. Majoran, 1 Tasse Brühe.

Die Zwiebeln schälen, das Fett mit dem Zucker erhitzen, leicht bräunen lassen und die Zwiebeln darin rundum schön anbräunen. Mit der Brühe ablöschen, die geschälten, geviertelten Äpfel dazugeben und den Topf fest zudecken. Bei gelinder Hitze das Gericht in etwa 20 bis 30 Minuten gardünsten, mit Majoran und Salz abschmekken. Dazu passen Bratklops, Bratwurst oder anderes kurzgebratenes Fleisch. Wir können auch kleinere Zwiebeln so zubereiten.

Saubohnen

750 g dicke Bohnen, 250 g geräucherter, durchwachsener Speck, 2 Eßl. Butter, 1 Eßl. Mehl, 2 Tassen Brühe, Bohnenkraut.

Die jungen Bohnen werden mit dem Speck in der Brühe in etwa 30 Minuten weich gekocht. Aus Butter und Mehl eine helle Schwitze rühren, mit der Brühe auffüllen, mit Salz und einer Prise Zucker würzen. Über die Bohnen geben, den Speck gesondert dazu reichen. Das Gericht mit gehackter Petersilie bestreuen und mit Salzkartoffeln reichen.

Langkohl

1000 g Spitzkohl oder Weißkohl, 500 g durchwachsenes Rindfleisch oder 250 g frisches, 250 g geräuchertes Schweine-Bauchfleisch, 3 Eßl. Schmalz, 500 g Kartoffeln, 3 Pfefferkörner, 3 Gewürzkörner, 1 Eßl. Majoran.

Den Kohl in Streifen schneiden, in dem heißen Fett unter Wenden andünsten. Dann das Fleisch in den Topf geben (auch eine Gänsekeule eignet sich gut für dieses Gericht), salzen und würzen, etwa 3 Tassen Wasser auffüllen und auf mildem Feuer etwa 60 bis 70 Minuten dünsten lassen. In der Hälfte der Garzeit die geschälten, gewürfelten Kartoffeln hineingeben, kurz vor dem Garwerden den Majoran. Nach Bedarf etwas Wasser nachfüllen, aber nur soviel, daß das Gericht nicht wässerig wird. Im Samland wurde der Langkohl auch mit Hammelfleisch gekocht und mit einigen Mohrrüben (gewürfelt), etwas Suppengemüse verfeinert und mit gehackter Petersilie bestreut.

Grünkohl

750 g Grünkohl, ohne Stiele gewogen, 6 Eßl. Schmalz, 125 g durchwachsener Räucherspeck, 1 rohe Kartoffel, 2 Tassen Brühe, Prise Zucker, 1 Zwiebel.

Den Kohl von den Stielen streifen und mehrmals gründlich waschen, mit kochendem Wasser übergießen, einen Augenblick darin ziehen lassen, auf ein Sieb geben, fein hacken oder durch die Fleischmaschine drehen. Das Fett erhitzen, den Kohl darin andünsten, mit Brühe auffüllen, Speck und die gehackte Zwiebel hineingeben, mit Salz und Zukker würzen. In etwa 70 bis 80 Minuten gar werden lassen. Wir können in der letzten Hälfte der Garzeit auch Kochwürstchen darin garziehen lassen oder frischen Schweinebauch oder geräuchertes Schweinefleisch oder Kasseler – oder von allem etwas. Kurz vor Ende der Garzeit zum Binden eine rohe Kartoffel hineinreiben. Dazu gibt es Salzkartoffeln. Auch aufgebratene Blut- oder Grützwurst paßt dazu.

Rosenkohl

750 g Rosenkohl, 1 Tasse Brühe, 3 Eßl. Butter, Muskatnuß.

Den Rosenkohl sorgfältig putzen, die Butter erhitzen und die Kohlröschen darin von allen Seiten andünsten. Zunächst nur die Hälfte der Brühe dazugeben, nach Bedarf später nachfüllen. In etwa 20 Minuten auf milder Hitze garen. Zum Schluß wenig geriebene Muskatnuß überstäuben und nur leicht salzen. Dies feine Gemüse paßt zu fast allen Fleischsorten.

Sauerkohl

750 g Sauerkohl, 3 Eßl. Schmalz, Speck- oder Schinkenreste, ein großer säuerlicher Apfel, 1 Zwiebel, Prise Zucker, 1 Tasse Brühe oder Apfelwein, 6 Wacholderbeeren.

Den Kohl mit zwei Gabeln zerpflücken. Im Topf das Fett heiß werden lassen, die gewürfelte Zwiebel darin andünsten, dann den Kohl locker einschichten und mehrmals wenden. Den Zucker überstreuen, den geschälten, zerteilten Apfel und die Speckreste hineingeben und Brühe oder Wein übergießen. Auf mildem Feuer in etwa 25 bis 35 Minuten gardünsten. Zu Braten, Bratwurst, Wild, dazu Salzkartoffeln. – Kocht man das Sauerkraut mit durchwachsenem Schweinefleisch und reichlich Wasser, dann ergibt das den ‚lang' gekochten Sauerkohl – mit Salzkartoffeln ein schmackhaftes Eintopfgericht.

Kohlrouladen

1000 g Weißkohl, 250 g gehacktes Rindfleisch, 250 g gehacktes Schweinefleisch, 1 Semmel, 1 Ei, 100 g Räucherspeck, 3 Eßl. Schmalz, 2 Tassen Brühe. Zur Soße 1 Eßl. Kartoffelmehl, nach Belieben eine Tasse saurer Schmand.

Den Kohlkopf putzen, mit kochendem Wasser überbrühen oder eine Weile darin ziehen lassen, bis die Blätter geschmeidig sind. Blätter ablösen, Rippen etwas abschneiden. Aus Hackfleisch, Ei, der eingeweichten, ausgedrückten Semmel und Gewürzen einen lockeren Klopsteig machen, in Portionen aufteilen. Jeweils eine Portion in Kohlblätter hüllen und mit Faden umwickeln. In dem Schmalz den in Scheiben geschnittenen Räucherspeck langsam bräunen, Speck beiseite stellen. Die Kohlrouladen in dem heißen Fett von allen Seiten leicht anbräunen, in einen Schmortopf geben, den Speck dazu, mit der Brühe auffüllen. Etwa 60 Minuten auf milder Hitze dünsten lassen. Kohlrouladen herausnehmen, die Brühe mit Kartoffelmehl sämig machen, evtl. mit der Sahne verfeinern und kräftig abschmecken. Dazu gibt es Salzkartoffeln.

Rotkohl

1000 g Rotkohl, 125 g geräucherter, durchwachsener Speck oder Speckreste, 6 Eßl. Schmalz, 2 Eßl. Essig, 1 Eßl. Zucker, 1 Zwiebel, 2 Nelken, 1 Tasse Brühe oder Rotwein, 2 säuerliche Äpfel.

Den Kohl putzen und in feine Streifen schneiden. Das Fett erhitzen, den Kohl mit Essig und Zucker mischen und unter Wenden im Fett andünsten. Speck, die geschälten, geviertelten Äpfel und die mit Nelken gespickte Zwiebel dazugeben, mit Brühe oder Rotwein übergießen, aufkochen und auf mildem Feuer in etwa 60 bis 70 Minuten garschmoren lassen. Nach Bedarf wenig Flüssigkeit dazugeben. Wenn das Gericht gar ist, noch einmal kräftig süß-sauer abschmecken. Zu Braten, Bratwurst, Hackbraten (Falscher Hase), zu Gans und Ente. Wir können den Kohl mit etwas Johannisbeergelee verfeinern.

Kohlpudding

1000 g Weißkohl, 250 g gehacktes Rindfleisch, 250 g gehacktes Schweinefleisch, 1 Semmel, 1 Ei, zur Soße 4 Eßl. Butter, 2 Eßl. Mehl, $^1/_8$ Liter süßer Schmand, Prise Zucker, 2 Eigelb.

Den Kohl putzen, von oben mit wenig kochendem Wasser überbrühen, bis sich die Außenblätter leicht ablösen lassen. Eine ausgefettete Puddingform dick mit den Kohlblättern auslegen. Aus dem Hackfleisch, dem Ei und der eingeweichten, ausgedrückten Semmel, Pfeffer und Salz einen lockeren Klopsteig kneten, in die Kohlblätter füllen und die oberen Blätter überschlagen. Die Puddingform im Wasserbad etwa 65 bis 70 Minuten kochen lassen. Eine helle Mehlschwitze aus Butter und Mehl machen, mit etwas Kohlbrühe (vom Abbrühen) aufgießen, mit der Sahne verfeinern und mit Eigelb abziehen. Kräftig abschmecken. Der Kohl kann auch in der Serviette gekocht werden.

Schmorkohl

1000 g Weißkohl, 6 Eßl. Schmalz, 2 säuerliche, würzige Äpfel, Pfeffer, 1 Eßl. Zucker, 2 Eßl. Essig, 1 kl. Zwiebel, 2 Nelken, Majoran nach Belieben, 2 Tassen Brühe.

Den Kohl putzen und in feine Streifen schneiden, in dem heißen Fett andünsten, mit etwas Brühe auffüllen. Die mit Nelken gespickte Zwiebel und die geschälten, geviertelten Äpfel hineingeben, mit Pfeffer, Zucker, Essig mischen und in etwa 50 bis 60 Minuten garschmoren. Bei Bedarf etwas Brühe nachgießen. Man kann auch Speck- oder Schinkenreste mit hineingeben. Zum Schluß noch einmal kräftig süß-sauer abschmecken und nach Belieben mit Majoran würzen. Zu Karbonade, Bratwurst, Schweinebraten, Hasenrücken oder Gänse-(Enten-) Braten. Salzkartoffeln dazu reichen.

Geelerkes

750 g Pfifferlinge (Gelböhrchen), 3 Eßl. gewürfelter Räucherspeck, 3 Eßl. Butter, 1 Zwiebel, 1 Tasse dicker, saurer Schmand, etwas Mehl, Pfeffer.

Die Pilze verlesen, sorgfältig putzen, schnell in lauwarmem Wasser abspülen, die kleinen ganz lassen, die großen in Stücke schneiden. In der heißen Butter die Speck- und Zwiebelwürfel leicht anbräunen, die Pilze dazugeben und 10 Minuten ohne Wasserzusatz dünsten lassen. Mit etwas Mehl besieben, dieses unterrühren und einmal mit der Pfeffermühle über die Pilze gehen. Mit der sauren Sahne verfeinern und mit gehackter Petersilie bestreuen. Mit Weißbrot oder Salzkartoffeln zu Tisch geben, auch Rührei paßt dazu.

Steinpilze

1000 g frische, junge Pilze, 4 Eßl. Butter, 1 Tasse dicker, saurer Schmand, etwas Mehl, Pfeffer.

Die Pilze sorgfältig putzen und schnell waschen. Die kleinen werden nur geteilt, bei den großen werden Stiel und Hut getrennt, der Stiel wird abgeschabt, der Hut abgezogen und das schwammige Futter entfernt. Die Butter erhitzen, die Pilze, denen noch etwas Waschwasser anhaftet, in Stücke schneiden, hineingeben und 10 bis 15 Minuten auf kleinem Feuer in geschlossenem Topf dünsten. Pfeffern, wenig salzen, mit Mehl bestäuben und mit der Sahne verrühren. Dazu Salzkartoffeln oder Kartoffelbrei. (Nach diesem Rezept können Sie alle Röhrenpilze zubereiten).

Champignons

1000 g frische Champignons, 4 Eßl. Butter, etwas Pfeffer, Zitronensaft, eine Tasse saurer Schmand.

Die Pilze gründlich, aber schnell waschen und putzen. Bei den kleinen nur ein Stückchen vom Stiel abschneiden, die großen teilen. Die Stiele abschaben, die Lamellen entfernen, ebenso die Hautlappen. In Stücke teilen. Butter erhitzen, die Pilze hineingeben, mit etwas Zitronensaft beträufeln und im geschlossenen Topf auf mildem Feuer dünsten (10 Minuten). Sind die Pilze zu trocken, geben wir 1 bis 2 Eßl. Wasser dazu. Leicht salzen, peffern, mit etwas Mehl überstäuben und durchrühren, zuletzt die Sahne dazugeben. Dazu Salzkartoffeln und Kalbsschnitzel oder Wiener Schnitzel, Huhn.

Pilzkoteletts

500 g Steinpilze oder Birkenpilze, 6 Eßl. Butter, 1 Eßl. gewürfelter Speck, 1 kl. Zwiebel, 2 Scheiben Weißbrot, 1 Ei, Petersilie, Reibbrot, Pfeffer.

Die Pilze vorbereiten, fein hakken, in 2 Eßl. Butter mit gewürfelter Zwiebel u. Speck dünsten. Abkühlen lassen, mit dem eingeweichten, ausgedrückten Weißbrot, Ei und gehackter Petersilie, Pfeffer und Salz mischen, zu runden Plätzchen formen, in Reibbrot panieren und in der restlichen Butter braten. Wir können auf die gleiche Weise auch Köpfe von großen Steinpilzen zubereiten.

Pilzragout

1000 g Mischpilze, 1 Zwiebel, 3 Eßl. gewürfelter Räucherspeck, 3 Eßl. Butter, 1 Eßl. Kartoffelmehl, Essig, Prise Zucker, $^{1}/_{8}$ Liter saurer Schmand.

Die Pilze verlesen, schnell waschen und gründlich putzen. in Stücke schneiden. Speck- und Zwiebelwürfel in der heißen Butter ganz leicht anbräunen, Pilze dazugeben, in etwa 10 bis 15 Minuten gardünsten lassen (geschlossener Deckel). Pfeffern, leicht salzen, mit Mehl überstäuben oder mit Kartoffelmehl andicken, mit der Sahne verrühren, mit einigen Tropfen Essig und der Prise Zucker süßsauer abschmecken, mit Salzkartoffeln oder Kartoffelbrei zu Tisch geben. Auch Kartoffelkeilchen passen gut dazu.

Zwei Salate haben unbestreitbar einen Ehrenplatz in der ostpreußischen Küche: der Schmandsalat und der Gurkensalat (der natürlich auch mit Schmand angerichtet wurde!). Vielleicht kam das daher, daß nach dem langen, harten Winter das erste Grün in der Natur und auf dem Tisch mit Sehnsucht erwartet wurden – sie zeigten an, daß nun wirklich der Frühling ins Land gekommen war! Als Kinder sammelten wir im Wald den würzigen Hasenklee, am Wegrain die ersten jungen Blättchen von Löwenzahn und Brennessel, von dem Sauerampfer ganz zu schweigen. Unvergleichlich schmeckte der erste Pflücksalat mit vielerlei Kräutern und Schmand!

Unsere Zeit ist, wenn wir so wollen, noch ‚salatbewußter' geworden, einfach deshalb, weil wir viel mehr von den Vitaminen wissen, als das früher der Fall war. Außerdem können wir heute sowohl den grünen Salat als auch Gurken oder Tomaten das ganze Jahr über frisch kaufen, dazu viele Kräuter und Gemüse, die früher nur in einem begrenzten Zeitraum zur Verfügung standen.

Wenn wir den Salaten einen recht breiten Raum in unserem Kochbuch einräumen, dann tun wir das vor allem der Gesundheit zuliebe. In unserer Zeit, da die eilige Hausfrau häufig auf Konserven zurückgreifen muß, kommt ihnen eine ganz besondere Bedeutung zu, ebenso den Kräutern und Gewürzen. Zudem sind wir aber auch der Ansicht, daß der Umgang mit Schmand (an dessen Stelle auch Quark oder Joghurt und Milch) auch den jungen Hausfrauen zeigen sollte, daß Salate nicht langweilig zu schmecken brauchen, daß wir mit etwas Wissen um die Zutaten und viel Phantasie täglich etwas Neues und Schmackhaftes auf den Tisch bringen können, das zudem der Gesundheit unserer Familie und unserer Gäste zugute kommt.

Frisch sollten alle Zutaten sein, die zum Salat gebraucht werden. Gerade beim grünen Salat, der so köstlich schmecken kann, werden viele Fehler gemacht. Es stimmt traurig, wenn in so manchem Restaurant, in so mancher privaten Küche ein paar welke Blätter in einer wässerigen Soße schwimmen. So gilt nach wie vor die Regel: Salat kurz, aber gründlich waschen, die Blätter tüchtig trockenschwenken oder mit Küchenpapier abtrocknen, erst im letzten Augenblick die Soße darübergeben. Die Franzosen, deren gute Küche berühmt ist, richten solche Frischsalate erst am Tisch an!

Sie sollten auch gelegentlich daran denken, daß sich eigentlich alle Reste von Fleisch und Fisch, aber auch Gemüse, Reis oder Nudeln noch mit ein paar frischen Zutaten und etwas Phantasie zu Salaten verarbeiten lassen, die der Hausfrau manche Mark ersparen helfen.

Ein Wort noch zu den gehaltvollen Kartoffelsalaten, zu den Fisch-, Fleisch- und Wurstsalaten. Sie alle gehörten zu den Festtagen in unserer Heimat, zu allen Gelegenheiten, bei denen man viele Gäste zu bewirten hatte. Und bei uns in Ostpreußen verstand man Feste zu feiern! Essen und Trinken gehörten dazu, und zwar in reichlichen Mengen. Ganz sicher konnten die Menschen früher, bei körperlicher Arbeit, viel Bewegung in frischer Luft und bei den Kältegraden der langen Winter mehr davon vertragen als heute, wo viele Krankheiten auf den Mangel an Bewegung zurückgeführt werden. Und doch: sie schmecken so unvergleichlich gut, daß wir sie ab und zu auf den festlichen Tisch bringen sollten – in der stillen Hoffnung, daß jeder Gast selbst weiß, wieviel er davon verträgt!

Kartoffelsalat I

1000 g Pellkartoffeln, 1 Tasse Brühe, 2 Eßl. Essig, 2 Eßl. Öl oder Gänsefett, 1 Zwiebel, Pfeffer, Prise Zucker, Schnittlauch.

Kleine, feste Kartoffeln in der Schale kochen und abziehen. Brühe, Essig und Fett, dazu die feingewürfelte Zwiebel, etwas Salz und Zucker einmal kurz aufkochen lassen, in eine angewärmte Schüssel geben und die Kartoffelscheiben hineingeben. Vorsichtig mischen und für einige Stunden kühl stellen. Beim Anrichten den feingeschnittenen Schnittlauch oder in Ringe geschnittenen Zwieblauch (Zwiebellauch) untermischen und überstreuen.

Kartoffelsalat II

1000 g Pellkartoffeln, 1 Tasse Brühe, 1/8 Liter dicker, saurer Schmand, 1 Teel. Mostrich (Senf), Pfeffer, 1 saure Gurke, 2 Teel. Essigfrüchte (Mixed Pickles), 2 hartgekochte Eier, 2 Eßl. Bratenreste oder gewürfelte Fleischwurst, 1/2 Paprikaschote.

Den Kartoffelsalat wie im vorigen Rezept vorbereiten, nur das Öl oder Gänsefett und den Essig fortlassen. Nach dem Erkalten die gewürfelten Zutaten nach Geschmack untermischen: die Essigfrüchte, Eier, Braten oder Wurst, die frische Paprikaschote. Alles mit der Sahne und dem Mostrich vorsichtig mischen und noch einmal nach dem Durchziehen abschmecken. Mit Ei-Achteln u. Essigfrüchten hübsch garnieren. Bei dieser Mischung sollten Phantasie und Würzkunst ein Fest feiern!

Kartoffelsalat III

1000 g Pellkartoffeln, 1 Beutel Majonäse, 1 Zwiebel, 1 Tasse Brühe, 1 Tasse saurer Schmand, Pfeffer, 3 kleine Pfeffergurken, 2 Eßl. Silberzwiebeln, Schnittlauch, Dill, Petersilie.

Den Kartoffelsalat wie beim Grundrezept (Kartoffelsalat I) zubereiten. Die Majonäse mit den kleingewürfelten Pfeffergurken und den Silberzwiebeln mischen, 3 Eßl. feingehackte Kräuter untermischen, mit der sauren Sahne und einer Prise Zucker mischen und vorsichtig in den Salat rühren. Kalt stellen. Delikat zu warmen Würstchen, kaltem Kasseler, gebratenem Fisch. Wem die Majonäse zu schwer ist, der kann sie zum Teil durch Joghurt oder Quark ersetzen.

Fleischsalat

500 g gekochter Schinken, Bratenreste oder Fleischwurst, 2 Eßl. Essig, 1/2 Tasse Brühe, 1 Beutel Majonäse, eine Tasse saurer Schmand, 2 saure Gurken, 3 Eßl. Silberzwiebeln, Pfeffer, Prise Zucker, 2 säuerliche Äpfel, 1 kl. grüne Paprikaschote, 1 Teel. Senf, eingelegter Sellerie.

Den mageren Schinken, das Fleisch oder die Wurst in Würfel oder feine Streifen schneiden, ebenso die sauren Gurken, Sellerie, die Äpfel und die Paprikaschote. Mit der heißen Brühe übergießen und eine Weile stehen lassen. Die Majonäse mit der Sahne verrühren, dazu den Senf, Pfeffer, Zucker und Salz nach Geschmack. Alles mit dem Salat mischen und kühl stellen. Garnieren mit geviertelten harten Eiern, Paprikastreifen, Tomatenachteln. Je nach Vorrat und Geschmack lassen sich die Zutaten beliebig verändern.

Geflügelsalat

500 g gekochtes Geflügelfleisch, 1 kl. Dose feines Mischgemüse. Champignons, 2 Äpfel, 4 Walnüsse, 1 Beutel Majonäse, Zitronensaft, 1/2 Tasse saurer Schmand, Mostrich, Pfeffer, Zucker, 1 kl. Pfeffergurke.

Das ausgelöste Fleisch und die Äpfel in kleine Würfel oder Streifen schneiden, mit Saft einer halben Zitrone marinieren. Die Gemüse dünsten oder erhitzen, zerkleinern und auf das Fleisch geben. Die Majonäse mit der Sahne (oder Joghurt) mischen, dazu den Senf, die feingeschnittene Gurke und die Gewürze. Alles vorsichtig mischen und kühl stellen. Bei festlichen Gelegenheiten auf jeden Teller ein mit Zitronensaft beträufeltes Salatblatt geben, den Geflügelsalat daraufgeben und mit gehackten Walnüssen bestreuen.

Heringsalat

6 gut gewässerte Heringsfilets, 6 Eier, 300 g Bratenreste oder Fleischwurst, 500 g Pellkartoffeln, 2 säuerliche Äpfel, 2 kl. saure Gurken, 2 Zwiebeln, eine Tasse Brühe, 1 Teel. Mostrich, 1/8 Liter saurer Schmand, 4 Eßl. Majonäse, Pfeffer, Zucker, Essig.

Die Kartoffeln kochen, abziehen, in Würfel schneiden. Eier hart kochen, vier davon würfeln. Braten oder Wurst, Heringe, Äpfel, Gurken und Zwiebeln würfeln. Mit der heißen Brühe übergießen, kalt stellen. Majonäse mit Sahne mischen, Senf und Gewürze hineinrühren, kräftig mit Essig abschmecken, alle Zutaten vorsichtig mischen. Gut durchziehen lassen (am besten über Nacht), noch einmal abschmecken und mit Ei-Achteln, Tomaten, Radieschen, Zitronenscheiben hübsch garnieren. Dazu: klarer Korn und kühles Bier!

Fischsalat

1000 g Zander, Hecht oder Schellfisch, Zitronensaft, 1 säuerlicher Apfel, 1 kl. Pfeffergurke, 1 Röhrchen Kapern, 1 Teel. Mostrich, Pfeffer, Prise Zucker, 1 Beutel Majonäse, 1 Tasse saurer Schmand, Kräuter, evtl. Krabben.

Den Fisch mit Fischgewürz in wenig siedendem Wasser eben gar ziehen lassen, enthäuten und entgräten, in kleine Stücke zerpflücken, mit Saft von einer Zitrone marinieren, leicht salzen und pfeffern. Apfel und Gurke fein würfeln, untermischen, Kapern dazugeben. Majonäse mit Sahne, den gehackten Kräutern, dem Senf mischen und fein abschmecken. Alles vorsichtig mit dem Fisch mischen und kalt stellen. Der Salat kann mit einer Handvoll frischer Krabben sehr verfeinert werden. Dazu gibt es Toast und ein Glas kühlen Wein.

Gurkensalat

2 kleine Salatgurken, 1/4 Liter saurer Schmand, 2 Eßl. Essig oder Zitronensaft, 1 Teel. Zucker, 1 Eßl. gehackter Dill, evtl. zwei Blättchen gehackten Borretsch.

Die Gurke entweder mit der Schale oder geschält in feine Scheiben hobeln. Die Salatsoße anrühren und süß-sauer abschmecken, vor dem Anrichten mit den Gurken mischen. Auch hier kann, wie beim Schmandsalat, die Soße mit Joghurt und Milch angerührt werden. Dieser Salat war zu Hause die klassische Beigabe zu gebratenem Hähnchen oder Bratfisch.

Schmandsalat

2 bis 3 Köpfe grüner Salat, 1/4 Liter saurer Schmand, 2 Eßl. Zitronensaft, 1 Teel. Zucker, Kräuter.

Vom Salat nur die harten äußeren Blätter entfernen, die anderen Blätter rasch unter fließendem Wasser waschen, alle Feuchtigkeit abschwenken oder mit Küchenpapier abtupfen. Die Blätter in handliche Stücke teilen, die größeren Rippen feinschneiden, Salat in Schüssel oder Schälchen geben und erst kurz vor dem Essen mit der Soße übergießen. Hierfür Sahne mit Zitronensaft verquirlen, mit Salz und Zucker abschmecken, die gehackten Kräuter untermischen. Der beliebteste Frischsalat der ostpreußischen Küche! Natürlich läßt sich der Schmand auch durch ein Gemisch aus Joghurt und Milch ersetzen – mit den Zutaten verquirlen und eine halbe Stunde nachdicken lassen.

Tomatensalat

8 bis 10 feste Tomaten, 2 Eßl. Öl, 2 Eßl. Essig oder Zitronensaft, 2 Zwiebeln, 1 Prise Zucker, Pfeffer, Schnittlauch.

Die Tomaten waschen, durchschneiden, Stielansatz und Kerne entfernen, in Scheiben oder Streifen schneiden, Zwiebel würfeln, dazugeben. Soße aus Öl, Essig oder Zitronensaft, Salz, Pfeffer, Zucker quirlen, mit den Tomaten mischen, eine Weile kühl stellen, Schnittlauch überstreuen. Natürlich kann man, wenn man den Geschmack liebt, auch unter diese Soße etwas sauren Schmand mischen, man sollte dann das Öl fortlassen. Vorzüglich schmeckt dieser Tomatensalat auch mit einer Zugabe von feinen Paprikastreifen. Das Grün sieht hübsch zu dem Rot der Tomaten aus, der Vitamingehalt wird erhöht. Dann aber den Schnittlauch fortlassen!

Rote-Beete-Selleriesalat

1 Knolle Sellerie, 2 Rote Beeten, 3 Eßl. Weinessig, Prise Zucker, 2 Eßl. Öl oder eine Tasse saurer Schmand.

Selleriesalat zubereiten wie beim nächsten Rezept. Rote Beete für sich gardämpfen oder kochen, abziehen, stifteln und unter den Sellerie mischen. Zuletzt mit saurer Sahne verfeinern (es kann auch Joghurt sein), noch einmal abschmecken und kühl stellen.

Sellerie-Apfelsalat

2 Knollen Sellerie, 3 Eßl. Weinessig, Prise Zucker, 2 Äpfel, 2 Eßl. Öl oder eine Tasse saurer Schmand.

Die Sellerieknollen waschen, schälen, mit dem Buntmesser in Scheiben oder Würfel schneiden, in wenig Wasser mit Essig (und Öl, wenn wir keine Sahne nehmen) dünsten, salzen und den Zucker untermischen. Die Äpfel raspeln und unter den Sellerie geben, die Sahne unterziehen und noch einmal abschmecken, einige Stunden kühl stellen.

Spargelsalat

500 g Spargel, 3 Eßl. Öl oder ½ Beutel Majonäse, 1 kleine Zwiebel, 1 Prise Zucker.

Den Spargel schälen, in fingerlange Stücke schneiden, in wenig Brühe (das Wasser, in dem Schalen und Endstücke ausgekocht wurden) gar dünsten, Essig dazugeben, salzen, mit Zucker würzen, Zwiebel fein würfeln, hineingeben und alles noch heiß gut mischen. Nach etwa zwei Stunden die überflüssige Brühe abgießen, den Salat mit Öl (oder Majonäse) mischen und noch einmal abschmecken. Nach Belieben etwas pfeffern.

Mohrrübensalat

375 g Mohrrüben, 2 Eßl. Öl, 2 Eßl. Essig oder Zitronensaft, ½ Teel. Zucker, 1 Eßl. gehackte Kräuter, evtl. eine Tasse saurer Schmand und 1 geriebener Apfel.

Die Mohrrüben (Karotten) waschen, dünn schälen und raspeln oder reiben. Die Zutaten zur Salatsoße tüchtig schlagen oder zum Schluß die saure Sahne unterziehen (dann bleibt das Öl fort) und noch einmal abschmekken. Rasch zu Tisch geben, damit die Vitamine erhalten bleiben.

Bohnensalat

750 g Wachsbohnen, 3 Eßl. Essig, 3 Eßl. Öl (oder 1 kl. Tasse saurer Schmand), 1 Zwiebel, Prise Zukker, Pfeffer.

Die Bohnen putzen, in fingerlange Stücke brechen, in leichtem Salzwasser garkochen. Bohnen aus der Dose erhitzen, Wasser abgießen. Zwiebel fein würfeln, die heißen Bohnen mit allen Zutaten gründlich mischen, für einige Zeit kühl stellen. Das Öl können wir auch durch 2 Eßl. ausgebratene Speckwürfel (Spirgel) oder saure Sahne ersetzen. Nach Belieben mit etwas gerebeltem Bohnenkraut (Pfefferkraut) oder gehackter Petersilie würzen.

Kohlsalat

500 g Weißkohl, 2 Eßl. Essig, 3 Eßl. Öl, 1 Zwiebel, 1 Eßl. Kümmel, Pfeffer, Prise Zucker, ein Apfel.

Den Kohl fein schneiden, salzen, pfeffern, tüchtig durchstampfen, Zwiebel würfeln, Apfel raspeln. Mit den übrigen Zutaten mischen, einige Stunden durchziehen lassen. Statt des Öls können wir auch 2 Eßl. feingeschnittenen Speck in der Pfanne langsam rösten und untermischen. Vorzüglich schmeckt der Kohlsalat mit saurer Sahne (auch dann lassen wir das Öl fort).

Quarkmajonäse

100 g Speisequark, 1 Eigelb, 1/2 Tasse saurer Schmand, eine Zwiebel, 1 Eßl. Essig oder Zitrone, Prise Zucker, Pfeffer, evtl. 1 Eßl. Öl.

Den Quark mit der Sahne cremig rühren, alle anderen Zutaten dazugeben und gut mischen. Nach Belieben mit gehackten Kräutern verfeinern. Diese leichte Majonäse läßt sich zu vielen Salaten verwenden und ist besonders für die Diätküche geeignet.

Sauerkohlsalat

500 g Sauerkohl, 2 Äpfel, 2 Eßl. Öl, 1 Eßl. Zitronensaft, Prise Zucker.

Sauerkraut kleinschneiden, Äpfel raspeln oder reiben, mit den anderen Zutaten mischen und einige Stunden kühl stellen. Nach ostpreußischer Art können wir den Salat auch mit einer Tasse saurer Sahne anmachen, dann kommen eine geriebene Zwiebel und etwas Zucker dazu. Die Äpfel können wir auch durch Ananasstücke (frisch oder aus der Dose) ersetzen.

Wurstsalat

400 g Fleischwurst oder Wiener Würstchen, 1 grüne, 1 rote Paprikaschote, 4 Tomaten, 2 Äpfel, 1 Apfelsine, 3 Eßl. Öl oder eine Tasse saurer Schmand oder ein Beutel Majonäse, 3 Eßl. Essig, 1 Zwiebel, Pfeffer, Prise Zucker.

Die Wurst 10 Minuten ziehen lassen, abpellen und in Würfel schneiden, die Paprikaschoten entkernen, in feine Streifen schneiden, Äpfel, Zwiebel und Apfelsine würfeln, entweder mit Essig/Öl oder Schmand oder Majonäse mischen, einige Stunden durchziehen lassen, noch einmal abschmecken.

Beerensalat

Je 1 Tasse Erdbeeren, Johannisbeeren, Himbeeren und Kirschen, Zucker, Zitrone, 1 Eßl. geriebene Mandeln oder Nüsse, 1/2 Liter süßer Schmand.

Die Früchte entstielen bzw. entkernen, falls nötig, zerkleinern. Mit Zucker nach Geschmack und 1 Eßl. Zitronensaft vermischen, kalt stellen. Die Sahne bei Tisch über das Obst gießen oder als Schlagsahne reichen. Das Obst schmeckt auch vorzüglich mit sahnig gerührtem Quark.

Obstsalat

2 Pampelmusen, 2 Apfelsinen, 2 Bananen, 2 Äpfel, 2 Scheiben Ananas, 2 Eßl. Sultaninen, 50 g gehackte Walnüsse, 2 Zitronen, Honig, evtl. etwas Rum oder Weinbrand.

Die Zutaten würfeln, mit dem Zitronensaft und Honig nach Geschmack würzen, mit dem Alkohol beträufeln, die gequollenen Sultaninen und die Nüsse untermischen, 30 Minuten kühl stellen. Wenn es üppig sein soll, Schlagsahne dazu reichen. Die Früchte lassen sich beliebig austauschen, auch Birnen, Pfirsiche oder frischer oder gekochter Sellerie passen gut dazu. Wir können die Früchte auch mit Majonäse anmachen.

Reissalat

2 Tassen gekochter, körniger Reis, 4 Wiener Würstchen oder 250 g Fleischwurst, 2 Tomaten, 1 Zwiebel, 1 Tasse Gemüsereste oder 1 kl. Dose Erbsen, 1 P. Majonäse, Zitrone.

Die Wurst in heißem Wasser ziehen lassen, würfeln. Tomaten abziehen, würfeln, ebenso die Zwiebel. Alle Zutaten mischen, mit Zitronensaft marinieren und mit der Majonäse mischen (oder mit unserer Quarkmajonäse). Mit Salz, Pfeffer, Prise Zucker würzig abschmecken, evtl. einen Teel. Mostrich unterrühren. Kühl stellen.

Illustrierte Gurke

4 Gewürzgurken oder Salzgurken, je 1 Portion Heringssalat und Fleischsalat, 3 Eier, 3 Tomaten, 1 Eßl. Kapern.

Die Gurken halbieren und aushöhlen. Die Salate einfüllen, bergartig aufschichten und mit Scheiben oder Achteln der hartgekochten Eier, Tomatenachteln und Kapern hübsch garnieren. Mit Toast zu Tisch geben.

Nudelsalat

125 g Nudeln, 1 Tasse Reste von gebratenem oder gekochtem Fleisch oder gekochter Schinken, 1 Tasse Gemüsereste oder 1 kl. Dose Champignons, $^1/_2$ Tasse saurer Schmand, Pfeffer, Prise Zucker.

Die Nudeln in Salzwasser kochen, bis sie eben gar sind, durchgießen, abspülen, etwas trocknen lassen. Schinken oder Fleischreste würfeln, ebenso das Gemüse oder die Pilze. Alle Zutaten mischen. Aus der Sahne und den Gewürzen eine Salatsoße quirlen, würzig abschmecken. Gut gekühlt zu Tisch bringen.

Süßes für den Gaumen

Wenn wir die kulinarischen Erinnerungen aus der Kindheit einmal in Gedanken vorüberziehen lassen, dann sind es meist ‚süße Erinnerungen'. Aber auch ausgewachsene Männer haben oft Appetit auf süße Gerichte, vor allem auf solche, die sie von Mutters Tisch her kennen. Und so haben wir in diesem Kapitel eine ganze Reihe von Rezepten notiert, die typisch für die ostpreußische Küche sind.

Es sind Gerichte, bei denen uns Erinnerungen an zu Hause kommen, die wir lang vergessen glaubten: der Tisch, an dem wir mit Eltern und Geschwistern saßen, die alte Standuhr in der Ecke, das Leinentuch, das Großmutter noch selbst gewebt hatte und das nur zum Sonntag aufgedeckt wurde. Die Fliederlaube im Garten, in der wir an schönen Sommertagen unseren Kaffee tranken, die Berge von Schmandwaffeln, die so schnell kleiner wurden – alles das wird wieder lebendig in uns. Zum Sommer und zum Herbst gehörten die weiten Fahrten über Land im offenen Wagen zu Verwandten und Bekannten, die große Tafelrunde dort – und immer wieder der Duft des Bratens, der unverwechselbare Geschmack der süßen Nachspeise, auf die wir als Kinder immer sehnsüchtig warteten ...

Wenn wir an den langen Winter zu Hause zurückdenken, dann meinen wir heute noch den köstlichen Duft der Bratäpfel zu spüren, die in der Röhre des großen Kachelofens schmorten und an denen wir uns beinah die Finger verbrannten, weil wir es nicht erwarten konnten, hineinzubeißen. Die Hände, noch klamm vom Schlittchenfahren und Schlittschuhlaufen und von unseren Schneeballschlachten, wurden jedenfalls auf diese Weise schnell wieder warm, ganz abgesehen von der heißen Leckerei, die uns von innen her wärmte.

Das morgendliche Butterbrot mit Honig oder Sirup ist uns noch ebenso in Erinnerung wie die Armen Ritter, die es zu Mittag gab, die Flinsen mit süßer Füllung oder die kühle Rote Grütze an heißen Sommertagen.

Und erst die Glumse, wie wir den Quark liebevoll bezeichnen! Unabsehbar sind und waren die verschiedenen Arten, sie zuzubereiten, von den kleinen Handkäschen über Schmand mit Glumse bis zu den süßen Spezialitäten, die ihre Krönung in der köstlichen Glumstorte fanden, von der noch die Rede sein wird. Was wir Stippmilch nannten – das Rezept, das an vierter Stelle dieses Kapitels steht – könnte heute in jedem Diät-Ratgeber einen guten Platz beanspruchen. Man redete damals nicht viel von Vitaminen – aber die Alten hatten ihre Erfahrung, was dem Körper zu welcher Jahreszeit zuträglich war, und trotz des manchmal schweren und recht gehaltvollen Essens wußte man auch diesen so ‚modernen' Forderungen der Gesundheitslehre Rechnung zu tragen.

Nun, beim Lesen der Rezepte werden Sie vielleicht einwenden, daß die Kalorien etwas reichlich bemessen seien, denn weder mit Schmand noch mit Butter und Zucker wird hier gespart. Aber wer zwingt uns denn, die ganze Portion zu essen, die früher jedem Tischgast zugemessen wurde? Auch in kleinerer Menge, mit Maßen genossen, erfreuen sie unseren Gaumen. Wenn Sie also sparsam mit den Kalorien umgehen müssen, dann teilen Sie einfach die Menge! Wer auf Diät angewiesen ist, wird vielleicht mit Austauschzucker oder Süßstoff den Zucker ersetzen müssen und kann sich doch diese oder jene Köstlichkeit leisten.

Die Hausfrau von heute kann es sich gerade mit den Süßspeisen auch einfacher machen. Das Angebot an vorgefertigten Gerichten ist gerade auf diesem Sektor kaum zu übersehen. Aber „es schmeckt ein bißchen zu allgemein“, wie es ein Feinschmecker einmal treffend bezeichnete. Setzen Sie die eine oder andere unserer ostpreußischen Spezialitäten einmal Ihrer Familie und Ihren Gästen vor – und überlegen Sie dann, ob sich der Mehraufwand an Mühe und Kosten nicht doch lohnt...

Man nehme zwanzig Eier.. ja, das war gar nicht so unmöglich in einer Zeit, da der Bauernhof noch erfüllt war vom Gegacker des Federviehs, das sich munter draußen tummelte und genügend Eier lieferte, ehe es selbst reif für Kochtopf und Bratpfanne wurde! Und selbst die Hausfrau in der Stadt, die auf die Märkte oder die Eierfrau angewiesen war, konnte damals das Produkt des Federviehs preiswert einkaufen. Allerdings nicht das ganze Jahr über – erinnern Sie sich noch, daß vor Jahrzehnten noch die Eier im Vorrat gehalten werden mußten?

sinen, Korinthen und fein geriebene bittere Mandeln hinein, gießen alles in eine Kuchenform, welche die Gestalt einer Schnecke oder Melone hat, lassen es kalt werden und geben nachher die Milch dazu.

108. Koch von Aprikosen.

Ein halb Pfund Reismehl wird abgebrüht, nachher in einen Stof süßen Schmand oder Milch gerührt und zu einem Brei gekocht; es werden 20 Eierdotter darunter gerührt und zugleich damit gekocht. Man schält nun eine beliebige Anzahl Aprikosen, schneidet sie in Stücke, schlägt die Steine auf, zieht die Haut von den Kernen ab, stößt letztere klein und rührt sie mit einem Viertelpfunde frischer Butter unter den Brei, fügt ein halb Pfund Zucker, womit man das Gelbe von einer Citrone abgerieben hat, die Aprikosen und zuletzt das zu Schnee geschlagene Weiße von 12 Eiern darunter, und bäckt alles anderthalb Stunden lang in einer Randschüssel.

109. Koch von Biscuit.

Ein halb Pfund Biscuit wird getrocknet und fein gestoßen, in einen Halben süßen Schmand geschüttet und damit einmal aufgekocht, und man kann auch aus Vorsicht den Schmand, damit er nicht zusammenlaufe, schon vorher aufkochen. Ein halb Pfund Butter wird zu Schmand gerührt und allmählig 10 Eierdot-

Süßes für den Gaumen

Buttermilchspeise

1 Liter Buttermilch, etwa 200 g Zucker, 1 P. weiße, 1 Teel. rote Gelatine, 4 Eier, 1 Zitrone.

Die Gelatine nach Vorschrift auflösen. Eier und Zucker schaumig rühren, Buttermilch, Saft und abgeriebene Schale der Zitrone dazugeben, zuletzt die Gelatine. Bis zum Dickwerden öfter umrühren. Die Speise am besten über Nacht kalt stellen.

Glumsauflauf

200 g Butter oder Margarine, 5 Eier, 200 g Zucker, 3 Eßl. Mehl, 750 g Quark, 1 Tasse Milch oder süßer Schmand, 1 Zitrone, 100 g Korinthen.

Butter sahnig rühren, Eigelb, Zucker, Mehl und Glumse nach und nach dazugeben, zuletzt den Eischnee. In der gefetteten Auflaufform 60 Minuten im Ofen backen, mit Fruchtsaft oder Kompott zu Tisch geben.

Honigäpfel

4 große Äpfel, 4 Eßl. Honig, 4 Eßl. Zitronensaft, 2 Eßl. Rosinen, 2 Eßl. geriebene Mandeln, 2 Eßl. geschmolzene Butter.

Die Äpfel schälen, Kerngehäuse vorsichtig ausstechen, mit einer Mischung aus den angegebenen Zutaten füllen (Rosinen vorher in 2 Eßl. Rum ausquellen). In einer ausgebutterten, feuerfesten Form im Ofen 20 bis 30 Minuten überbacken. Sie kommen heiß mit Vanillesoße zu Tisch.

Stippmilch

500 g Speisequark, Milch oder süßer Schmand, 50 g Zucker, 1 Teel. Vanillezucker, Fruchtsaft, Kompott oder frische Früchte.

Den Quark schaumig rühren, mit so viel Milch oder Sahne mischen, daß die Masse sahnig ist, Zucker und Vanillezucker dazugeben. Mit Fruchtsaft, Preiselbeeren, Erdbeeren, Kirschkompott, frischen Himbeeren oder Blaubeeren verrühren und kühl zu Tische bringen. Wir können die Stippmilch auch gesondert zu den Früchten reichen, jeder nimmt sich dann beides nach Geschmack. Ein leichtes, schmackhaftes Sommergericht, in den anderen Jahreszeiten ein gesunder Nachtisch.

Glumsflinsen

500 g Quark, 125 g Mehl, Milch oder Buttermilch nach Bedarf, 2 Eier, 50 g Korinthen, Zimtzucker, Ausbackfett.

Den Quark glatt rühren, mit Mehl, Eiern, den aufgequollenen Korinthen, etwas Salz und soviel Milch oder Buttermilch mischen, daß der Teig nicht zu fest wird (nach Bedarf mehr Milch untermischen). Butter oder Margarine in der Pfanne heiß werden lassen, Flinse zur Probe backen, dann die anderen. Mit Zimtzucker oder Kompott zu Tisch geben.

Glumskuchchen

250 g Quark, 3 Eßl. Mehl, 4 Eier, Fett zum Ausbacken, Puderzucker oder Zimtzucker.

Glumse, Mehl und Eigelb miteinander verkneten, zuletzt den Eischnee dazugeben. Ist der Teig zu feucht, noch etwas Mehl hineingeben; er muß sich gut ausrollen lassen. Ausbackfett erhitzen, bis sich um einen hölzernen Löffelstiel Bläschen bilden, den ausgerollten Teig mit dem Kuchenrädchen in längliche Rechtecke teilen, diese schwimmend im Fett ausbacken, mit Puderzucker oder Zimtzucker bestreuen oder eine Soße aus saurer Sahne mit Vanillezucker dazu reichen oder beliebiges Kompott.

Glumskeilchen

750 g Quark, 3 Eier, 4 Eßl. Butter, 4 Eßl. Mehl, 1/2 Teel. Backpulver, Butter zum Bräunen, Zimtzucker zum Bestreuen.

Butter sahnig rühren, Glumse, Eier, etwas Salz, zum Schluß das mit Backpulver gemischte Mehl darunterrühren. Der Teig muß ziemlich fest sein, evtl. etwas mehr Mehl nehmen. Mit nassen Händen einen kleinen Probekloß formen, in reichlich leicht gesalzenes, kochendes Wasser geben, Kloß garziehen lassen (nach dem Hochkommen noch etwa 15 Minuten). Ist der Kloß gut, können wir auch die anderen formen und kochen. Keilchen abtropfen lassen, mit brauner Butter und Zimtzucker zu Tisch geben.

Flinsen mit Glumsfüllung

125 g Butter, 125 g Mehl, 5 Eier, 2 Tassen Milch, 300 g Quark, 1 Eigelb, etwas Milch, 50 g Korinthen, 2 Eßl. Zucker, Fett zum Backen.

Die Butter sahnig rühren, mit dem Mehl mischen, nach und nach die mit der Milch verrührten Eigelb dazugeben, leicht salzen, zuletzt Eischnee unterziehen. Zur Glumsfüllung den Quark sahnig rühren, wenn nötig, etwas Milch dazugeben, die aufgequollenen Korinthen und den Zucker untermischen, warm stellen. Aus dem Flinsenteig dünne Eierkuchen backen, wenden, jeweils 2 Eßl. Quarkfülle aufstreichen, Flinsen zusammenklappen und gleich zu Tisch geben.

Grießflammeri

1 Liter Milch, 125 g Grieß, zwei Eier, 100 g Zucker, 1 Stange Vanille, Schale 1/2 Zitrone, 3 Eßl. geriebene Mandeln.

Den Grieß mit etwas kalter Milch einweichen, die übrige Milch mit dem Zucker und einer Prise Salz zum Kochen bringen, die Mandeln, die Vanilleschote (oder Vanillezucker) dazugeben. Den Grieß langsam in die kochende Flüssigkeit einlaufen lassen, unter Rühren kochen, bis sich der Brei vom Topf löst (etwa 10 Minuten). Den Topf vom Feuer nehmen, die Eigelb unterrühren, zuletzt den steifen Eischnee. Den Flammeri in eine mit kaltem Wasser ausgespülte Form schütten, nach dem Erkalten stürzen und mit Fruchtsaft oder Kompott zu Tisch geben.

Weingelee

1 Flasche Weiß- oder Apfelwein, 300 g Zucker, $^1/_4$ Liter Wasser, 15 Blatt oder 3 P. weiße oder rote Gelatine, 1 Zitrone.

Gelatine einweichen und ausdrücken oder das Pulver nach Vorschrift anrühren. Wasser mit dem Zucker kochen, bis er sich ganz aufgelöst hat, vom Feuer nehmen, Gelatine und Zitronensaft einrühren. Abkühlen lassen, Wein dazugeben, öfter durchrühren, kalt stellen. Schlagsahne dazu reichen oder eine Vanillesoße, aus Soßenpulver zubereitet.

Zitronencreme

5 Eier, 125 g Zucker, 2 Zitronen, 5 Blatt oder 1 P. weiße Gelatine, 4 Eßl. Wein.

Gelatine einweichen, ausdrücken, in lauwarmem Wasser auflösen (oder Pulver nach Vorschrift auflösen). Zucker und Eigelb schaumig rühren, Zitronensaft und abgeriebene Schale dazugeben, Wein und Gelatine unterrühren, weiter rühren, bis die Masse dickflüssig wird. Zuletzt den Eischnee unterheben, kalt stellen. Mit Schlagsahne oder Früchten reichen.

Erdbeercreme

500 g Erdbeeren, Zucker nach Geschmack, Zitronensaft, 5 Blatt oder 1 P. rote Gelatine, $^1/_4$ Liter süßer Schmand.

Die Früchte waschen und entstielen, durch einen Durchschlag passieren oder im Mixer zerkleinern. Mit Zucker und Zitronensaft abschmecken. Die Gelatine nach Vorschrift auflösen und unterrühren. Wenn die Masse zu stocken beginnt, die steif geschlagene Sahne unterziehen. Mit ganzen Früchten und Sahnespritzern garnieren. Nach dem gleichen Rezept bereiten wir auch eine Himbeercreme zu, die durch einen Eßl. Rum verfeinert wird.

Rote Grütze

½ Liter Fruchtsaft, ½ Liter Wasser, 100 g Grieß oder Sago, etwas Zitronensaft, Zucker nach Geschmack.

Den Grieß in etwas Wasser anrühren. Saft und Wasser zum Kochen bringen, den angerührten Grieß oder den trockenen Sago einrühren, bei milder Hitze in etwa 10 bis 20 Minuten ausquellen lassen, Prise Salz, etwas Zitronensaft und ein Stück Zitronenschale dazugeben, nach Geschmack süßen. Die Rote Grütze schmeckt am besten, wenn der Saft je zur Hälfte aus Himbeeren und Johannisbeeren besteht. Mit Schlagsahne, süßem Schmand, Vanillesoße oder gesüßter Milch zu Tisch geben. Erfrischend im Sommer!

Rhabarbergrütze

750 g junger Rhabarber, knapp ¾ Liter Wasser, 125 g Sago, 300 g Zucker, etwas Zitronenschale.

Das Wasser mit dem Zucker aufkochen, den Sago einstreuen und in 15 bis 20 Minuten auf kleinem Feuer ausquellen lassen. Den ungeschälten, in Stücke geschnittenen Rhabarber und ein Stück Zitronenschale kurz mitkochen, noch einmal abschmecken und die Speise kalt stellen. Dazu: süße Sahne, gesüßte Milch oder Vanillesoße.

Kirschenmichel

750 g Kirschen, 250 g Zucker, 3 Eier, 8 alte Semmeln, etwas Milch, 50 g Mandeln, Zitronenschale, 200 g Butter oder Margarine.

Die Kirschen entsteinen und einzuckern. Die in Milch eingeweichten Brötchen ausdrücken. Butter, Eier, Zucker schaumig rühren, Brötchen, geriebene Mandeln, abgeriebene Zitronenschale hinzugeben, mit den Kirschen mischen und den Auflauf in einer gefetteten Form 60 Minuten im Ofen backen. Nach dem gleichen Rezept können wir auch Pflaumen- oder Apfelmichel zubereiten.

Apfelcreme

750 g Äpfel, 1 Tasse Apfelwein, Zitronenschale, 1 St. Vanille, 1/2 Liter Milch, 50 g Mandeln, 2 Eßl. Kartoffelmehl, Zucker nach Geschmack, 1/4 Liter Schlagsahne, 1 Eßl. Rum.

Würzige Äpfel schälen, Kerngehäuse entfernen, würfeln. Vorsichtig in dem Wein dünsten, sie sollen nicht zerfallen. Aus der Milch, 4 Eßl. Zucker, dem Stärkemehl und den geriebenen Mandeln eine Creme kochen, bis zum Erkalten rühren, die Äpfel und den Rum vorsichtig unterrühren, evtl. nachsüßen. Zum Schluß die steifgeschlagene Sahne unterheben. Gut gekühlt zu Tisch geben, evtl. mit Fruchtstückchen verzieren.

Apfelbettelmann

500 g altbackenes Brot, 5 Eßl. Butter oder Margarine, 500 g Äpfel, Zucker nach Geschmack.

Das Brot durch die Fleischmaschine geben oder reiben, mit 4 Eßl. Zucker und der geschmolzenen Butter verrühren und auf der Pfanne leicht rösten. In eine gefettete Auflaufform eine Lage Brot geben, darüber eine Lage in etwas Wein gedünsteter Apfelstücke, obenauf wieder Brot. Bei mittlerer Hitze im Backofen 30 Minuten backen lassen. Heiß mit Vanillesoße zu Tisch geben.

Äpfel im Schlafrock

4 mittelgroße Äpfel, 1 P. Blätterteig oder Mürbeteig aus der Tiefkühltruhe, Marmelade, Gelee oder Sultaninen, Mandeln und Zucker zum Füllen, Puderzucker.

Mürbeteig oder Blätterteig selbst herstellen oder aus der Tiefkühltruhe besorgen, auftauen und ausrollen. Äpfel schälen, das Kerngehäuse vorsichtig ausstechen, mit etwas Zitronensaft oder Rum beträufeln. Füllen mit Marmelade oder Gelee oder einer Mischung von 1 Eßl. geriebenen Mandeln, 1 Eßl. Rum, 1 Eßl. Butter, 1 Eßl. Zucker. Den Teigboden in passende Vierecke schneiden, mit Eigelb bestreichen, Äpfel daraufstellen, die Zipfel oben zusammendrücken, im Backofen in etwa 20 Minuten hellbraun backen, mit Puderzucker bestreuen und heiß zu Tisch geben.

Apfelklöße

500 g säuerliche Äpfel, 500 g Mehl, 3 Eier, 1/4 Liter Milch, 100 g Butter, Zimtzucker, 1 Teel. Backpulver.

Äpfel schälen, Kerngehäuse ausstechen, grob raspeln oder würfeln, mit etwas Mehl überstreuen. Eier mit etwas Salz und der Milch verquirlen, mit den Äpfeln und dem mit Backpulver vermischten Mehl verrühren. In einem großen Topf Salzwasser zum Kochen bringen, jeweils Eßlöffel mit heißem Wasser abspülen, damit ein Stück vom Teig abstechen, Eßlöffel solange ins kochende Wasser halten, bis sich der Kloß löst. Die Klöße etwa 10 Minuten ziehen lassen. Kurz mit lauwarmem Wasser abspülen, abtropfen lassen, mit brauner Butter und Zimtzucker zu Tisch geben.

Reisauflauf

200 g Milchreis, 3/4 Liter Milch, Zitronenschale, 60 g Butter, 125 g Zucker, 3 Eier, 500 g Obst.

In der heißen Milch den Reis mit etwas Salz und einem Stück Zitronenschale ausquellen. Abkühlen lassen. Butter mit Zucker und Eigelb schaumig rühren, löffelweise mit dem Reis mischen. Dazu kommt das zerkleinerte, eingezuckerte Obst (Kirschen, Aprikosen, Äpfel, Pfirsiche oder Pflaumen) und der Eischnee. Der Auflauf wird in einer gebutterten Form etwa 45 Minuten gebacken, bis die Oberfläche goldgelb ist.

Arme Ritter

4 alte Semmeln, 1 Tasse Milch, 2 Eier, 1 Prise Zucker, 2 Eigelb, Reibbrot, 100 g Butter, Zimtzucker.

Die Brötchen waagerecht halbieren, nebeneinander auf eine Platte legen. 2 Eier mit etwas Zucker, einer Prise Salz und der Milch verschlagen, die Mischung nach und nach über die Brötchen gießen, so daß sie sich vollsaugen, aber nicht zerfallen. Die Armen Ritter dann in das verquirlte Eigelb tauchen und in dem Paniermehl wälzen. In heißer Butter goldgelb braten. Heiß zu Tisch geben, mit Zimtzucker bestreuen.

Apfelschnee

10 bis 12 Äpfel, 4 Eiweiß, Zucker nach Geschmack, Makronen, 100 g süßer Schmand, 100 g Walnußkerne, eingemachte Früchte.

Die ganzen Äpfel in der Ofenröhre (so man noch hat) oder im Backofen braten, durch ein Sieb streichen, nach dem Erkalten süßen. Den festen Eischnee unter die Masse heben, diese bergförmig in eine Schüssel schichten, kalt stellen. Mit kleinen Makronen, halben Walnüssen und eingemachten Früchten garnieren und Schlagsahne dazu reichen. Ein Teil der Walnüsse kann auch gerieben unter die Masse gerührt werden.

Walnußcreme

250 g gemahlene Walnußkerne, $1^1/_4$ Liter süßer Schmand, 10 Blatt oder 2 P. weiße Gelatine, 150 g Zucker, 1 P. Vanillezucker.

Die Schlagsahne steif schlagen und die geriebenen Nüsse unterheben. Die nach Vorschrift aufgelöste Gelatine mit Zucker und Vanillezucker mischen und vorsichtig unter die Sahnemischung geben. In Portionsschälchen oder Gläser füllen und einige Zeit kalt stellen. Mit Nußhälften garnieren.

Buttermilchflinsen

250 g Mehl, knapp $^1/_2$ Liter Buttermilch, 2 Eßl. Zucker, 3 Eier, 3 Eßl. Butter.

Das Mehl nach und nach mit der Buttermilch mischen, bis ein dickflüssiger Teig entsteht, die übrigen Zutaten (bis auf die Butter) untermischen und tüchtig verschlagen. Teig eine Weile stehen lassen. Die Butter erhitzen und kleine Flinsen nach und nach backen. Mit Zucker bestreuen oder mit Kompott zu Tisch geben.

Backwerk und Marzipan

Das Geld konnte noch so knapp sein bei uns zu Hause, – irgend etwas zum Anbieten war immer da, wenn ein unerwarteter Gast kam, und sei es eine Scheibe vom selbstgebackenen Brot, ein Stückchen Streuselfladen oder ein paar Anisplätzchen. Gebacken wurde eigentlich jede Woche einmal. Wenn das würzige Brot aus dem großen Backofen gezogen wurde, dann warteten schon die großen Fladenbleche, und hinterher reichte die Glut immer noch für eine gute Portion Plätzchen aus. Aber auch in den städtischen Haushalten, wo doch der Konditor oder Bäcker um die Ecke wohnte, wurde viel mehr selbst gebacken, als das heute hier üblich ist. Jede Hausfrau war stolz darauf, ihrer Familie und ihren Gästen vom Selbstgebackenen vorzusetzen – und das nicht nur an Festtagen.

Ja, die Feste – darauf verstand man sich in Ostpreußen! Da durfte an Essen und Trinken nichts fehlen, und schon gar nicht am Gebackenen. Das war nicht nur zu den großen Jahresfesten so, irgendetwas gab es immer zu feiern, und sei es neben Lieschens Geburtstag und Minchens Hochzeit der erste Schnee oder einfach das Zusammentreffen entfernter Verwandter oder Bekannter!

So ist auch die Zahl der Rezepte für das Backwerk aus unserer Heimat kaum zu überblicken. Jede Gegend, ja fast jede große Familie hatte ihre eigenen Rezepte, die im Kopf oder in den handgeschriebenen Kochbüchern aufbewahrt wurden. Für uns war es jedenfalls nicht leicht, aus dieser Fülle die Rezepte auszuwählen, die typisch sind für unsere Heimat – und davon möglichst keins zu vergessen! So sehr hängen die Ostpreußen an ihren gebackenen Spezialitäten, daß sie es fertig brachten, einiges davon hier im

Westen auch in den Backbetrieben einzuführen – es gibt heute vor Ostern in manchen Gegenden unsere Gründonnerstagskringel fertig zu kaufen; die Katharinchen und nicht zuletzt das Königsberger Marzipan haben eine Reihe von Geschäften erobert und werden auch hier gern gekauft.

Zum Marzipan wäre noch zu sagen, daß es sich von dem Lübecker vor allem dadurch unterscheidet, daß es herzhafter schmeckt (es kommt nicht so viel Zucker hinein) und daß es geflämmt, also von oben leicht gebräunt wird. Wir können es natürlich auch in bester Qualität fertig kaufen – aber welche ostpreußische Hausfrau kriegt das fertig, auf die Marzipanbäckerei zu Weihnachten zu verzichten! Bei uns zu Hause war es eine Auszeichnung, dabei helfen zu dürfen (wie übrigens auch sonst bei der Hausbäckerei), und wenn wir als Kinder unartig gewesen waren, gab es keine schlimmere Strafe, als davon ausgeschlossen zu werden.

Da gibt es zu einem anderen Rezept in dieser Reihe noch eine hübsche – und wahre – Geschichte, die wir Ihnen nicht vorenthalten wollen. Wenn ein junges Mädchen auf einem Bauernhof zu Hause mehrere Bewerber hatte, dann hatten die Eltern bei der Auswahl des künftigen Ehemannes (und möglichen Hoferben) ein gewichtiges Wort mitzureden. Machte sich nun der junge Mann am Sonntag auf, um in der Familie der Angebeteten vorzusprechen, dann konnte er erkennen, ob er willkommen war oder nicht, ohne daß nur ein einziges Wort darüber verloren wurde: bekam er nämlich ein Stück Anhalterkuchen (oder Anhaltskuchen) vorgesetzt, dann konnte er auf Zustimmung hoffen. Geschah das nicht, dann war er gut beraten, wenn er rasch seine Mütze nahm und ging.

Das Rezept für diesen Kuchen finden Sie in unserer Sammlung – ob ein heutiger Bewerber um die Hand Ihrer Tochter allerdings von dem alten Brauch weiß, das möchten wir doch bezweifeln . . .

Ein Wort noch zu dem vierten Rezept dieser Reihe. Wir haben im Geschäft die Auswahl zwischen Dutzenden von Brotsorten. Aber manchmal kommt doch der Wunsch auf, ein Brotchen wie von zu Hause auf den Tisch zu bringen. Dieser Wunsch ist besonders lebendig bei den Ostpreußen, die irgendwo jenseits der Weltmeere leben und das heimatliche Brot besonders vermissen. Deshalb haben wir wenigstens eins der alten Rezepte mit aufgenommen – Sie werden das verstehen.

Ungeachtet der Kalorien (und heutigen Preise) finden Sie auch einige Rezepte in diesem Kapitel, bei denen mit den Zutaten wirklich nicht gespart werden darf. Vielleicht macht es Ihnen Freude, bei einer festlichen Gelegenheit eins dieser Rezepte hervorzuholen und bei Ihren Gästen damit Ehre einzulegen, wie einst zu Hause.

Berge von goldbraunen Waffeln, dazu duftender Kaffee – wer erinnert sich nicht noch aus seiner Kindheit dieser Genüsse? Aber auch schon vor fast zwei Jahrhunderten kannte man dies luftige Gebäck, für das Juliane Amalie in ihr Königsberger Kochbuch von 1805 allein sieben Rezepte aufgenommen hat. Auch dabei sparte man nicht mit den Zutaten, wie sich schon aus den beiden Beispielen auf der gegenüberliegenden Seite erkennen läßt.

braun, gießt, nachdem sie erkaltet ist, ein Paar Gläser Wein und die aus der geöffneten Pfanne abgegossene Brühe dazu, rührt alles wohl durch einander, legt Citronenschalen und fein gehackte Sardellen dazu, gießt es auf's Fleisch und läßt es in dieser Brühe völlig weich kochen.

13. Waffeln.

Ein Pfund Butter wird geschmolzen, zu Schaum und ein Pfund Mehl allmählig darunter geschlagen. 6 Eier werden durch einander gequirlt und nebst 1 Stof lauwarmer Milch allmählig dazu gegossen und alles gut durch einander geschlagen; man fügt etwas guten Oberhefen, manche auch noch fein gestoßenen Zimmet dazu, streicht das Waffeleisen mit einer fetten Speckschwarte oder mit in einem Läppchen gebundener Butter aus, gießt den Teig hinein und bäckt ihn gar; man streut Zucker darüber, oder füllt die Vertiefungen mit Himbeer- oder Johannisbeersaft.

14. Waffeln auf andre Art.

10 Eier, drei Viertelpfund geschmolzene Butter, ein Pfund Mehl, ein Quartier süßer Schmand, etwas gepülverte Muskatenblüte und der erforderliche Oberhefen werden gut durch einander geschlagen und nachdem der Teig aufgegangen ist, gleich dem vorigen gebacken.

Backwerk und Marzipan

Masurisches Weihnachtsbrot

200 g Mehl, 200 g Butter, 200 g Zucker, 5 Eier, 100 g geriebene Mandeln. Zum Bestreuen 50 g gehackte Mandeln, 50 g Zucker.

Butter und Zucker schaumig rühren, Eigelb, Mandeln und das gesiebte Mehl abwechselnd hineinrühren, zuletzt den festen Eischnee unterheben. Auf ein gefettetes oder mit Alufolie ausgelegtes Blech streichen, mit den Mandelstückchen und dem Zucker bestreuen, goldgelb backen und in verschobene Rechtecke schneiden, solange der Kuchen noch warm ist.

Glumsbrot

250 g trockener Speisequark, 100 g Zucker, 2 Eier, Zitronenschale, 375 g Mehl, 1 P. Backpulver.

Quark durch ein Sieb streichen, mit Zucker, Eiern, abgeriebener Zitronenschale, etwas Salz mischen, nach Bedarf Milch dazugeben, das Mehl unterkneten, zum Schluß das Backpulver. In einer Kastenform bei mittlerer Hitze in etwa 45 Minuten goldgelb backen. Aufschneiden und mit Butter bestrichen essen. Hält sich lange frisch!

Glumstorte mit Mürbteig

250 g Mehl, 125 g Zucker, 250 g Butter, 1 Ei. Füllung: wie beim Glumsfladen (Seite 115).

Aus den Zutaten rasch einen Mürbteig kneten, eine Springform fetten, mit Teig auslegen, an den Rändern den Teig etwas hochziehen. Die Glumsmasse darauf verteilen, in der Mitte bergförmig hochschichten, mit geschmolzener Butter bestreichen, bei mäßiger Hitze in etwa 45 Minuten goldgelb backen. – Wir können den Boden auch mit etwas Reibbrot ausstreuen und frische oder gedünstete Früchte auflegen, dann die Glumsmasse darübergeben.

Ostpreußisches Weizenschrotbrot

125 g Weizenmehl, 500 g Weizenschrot (Weizenkraftmehl Type 1700), 15 g Salz, 1 Tasse gutes Pflanzenöl, 35 g Hefe.

Aus 1/8 Liter lauwarmem Wasser, der Hefe und dem Weizenmehl ein Hefestück anrühren und gehen lassen. Das Schrotmehl salzen, mit 1/4 Liter heißem Wasser überbrühen. Nach dem Abkühlen mit dem Hefestück mischen und tüchtig verkneten. Den Teig in eine Kastenform geben, 1 1/2 Stunden an warmem Ort gehen lassen, mit Wasser überpinseln und bei guter Mittelhitze etwa 30 Minuten backen. – Wenn wir ein Ei in den Teig nehmen, brauchen wir 10 g Hefe mehr.

Zwieback

1375 g Mehl, 250 g Zucker, 200 g Butter, knapp 1/2 Liter Milch, 70 g Hefe, 3 Eier, etwas Kardamom.

Aus etwas Mehl, Milch und der Hefe ein Hefestück ansetzen und gehen lassen. Alle anderen Zutaten mit etwas Salz zu einem lockeren Teig verarbeiten, Hefestück dazugeben, Teig noch einmal gehen lassen. In 4 bis 5 schmale Kastenformen (Striezelformen) füllen, im vorgeheizten Ofen backen. Am nächsten Tag in Scheiben schneiden und diese auf dem Blech im Backofen bei milder Hitze rösten. Sie können danach mit Zuckerguß überzogen werden.

Milchstriezel

500 g Weizenmehl, knapp 1/4 Liter Milch, 200 g Butter oder Margarine, 100 g Zucker, 150 g Sultaninen, 30 g Hefe, 1 Ei.

Aus Mehl, Milch und Hefe ein Hefestück ansetzen, gehen lassen. Sultaninen einweichen. Die übrigen Zutaten mischen, Hefestück und Sultaninen dazugeben, tüchtig kneten und zum Aufgehen an warmen Ort stellen. Dann die Butter in kleinen Stükken hineinkneten, evtl. etwas Mehl zum Nachkneten nehmen, der Teig muß recht fest sein. Teig leicht ausrollen, Striezel formen (am besten zwei aus dieser Menge), auf das gefettete Backblech legen, noch einmal aufgehen lassen, mit dem verquirlten Ei bestreichen und bei kräftiger Hitze etwa 30 Minuten backen. – Wir können dem Teig auch 125 g gemahlene Mandeln oder Nüsse beigeben.

Mohnstriezel

Knapp 1000 g Mehl, 60 g Hefe, 2 Eier, gut 1/4 Liter Milch, 250 g Butter. Zur Fülle 250 g Mohn, gut 1/8 Liter Milch, 1 Ei, 50 g geriebene Mandeln, etwas Rosenwasser, 100 g Sultaninen.

Den Striezelteig vorbereiten, wie beim vorigen Rezept beschrieben. Zur Füllung den Mohn mit viel Wasser einmal aufkochen, abgießen und durch den Fleischwolf treiben. (Sie können sich auch in einigen Geschäften den Mohn gleich mahlen lassen.) Den gemahlenen Mohn mit Milch aufkochen, quellen lassen, mit den übrigen Zutaten mischen, die Masse muß ziemlich dick sein. Eine Serviette auf den Tisch legen, Teig dick ausrollen, Mohnfülle so darauf verteilen, daß am Rand gut fingerbreit Teig unbedeckt bleibt, mit Hilfe des Tuches aufrollen, auf dem Blech noch einmal gehen lassen, mit Ei bestreichen, in etwa 60 Minuten bei guter Mittelhitze backen, mit Puderzucker bestreuen oder mit Zuckerguß überziehen. Gibt zwei Striezel.

Streuselfladen

500 g Mehl, 250 g Butter, 50 g Hefe, 1/4 Liter Milch, 2 Eier. Streusel: 200 g Butter, 200 g Zucker, 250 g Mehl, etwas Zimt.

Hefestück mit etwas Mehl, Milch und der Hefe ansetzen, gehen lassen. Aus den übrigen Zutaten einen Teig kneten, mit dem Hefestück mischen, eine Weile an warmem Ort stehen lassen, zum Schluß die Butter in kleinen Stücken dazukneten, evtl. noch etwas Mehl. Mit einem nassen Löffel den Teig auf zwei gefetteten Kuchenblechen verteilen und noch einmal gehen lassen. Für die Streusel Butter zerlassen. Mehl, Zimt und Zucker damit mischen und mit der Hand auf der Teigplatte zerkrümeln. Je dicker die Teigkrümel sind, desto besser schmecken sie. Bei starker Hitze in etwa 30 Minuten backen.

Marzipanstriezel

500 g Mehl, 50 g Hefe, 2 Eier, knapp 1/4 Liter Milch, 200 g Butter, 100 g Zucker, 1 Ei. Zur Fülle 400 g geriebene Mandeln, 400 g Puderzucker, etwas Rosenwasser, 2 Eier.

Ein Hefestück aus etwas Mehl, Milch und der Hefe machen, gehen lassen. Die übrigen Zutaten mischen, das Hefestück dazugeben, verkneten, noch einmal gehen lassen. Dann die Butter in kleinen Stücken in den Teig geben und evtl. noch mehr Mehl hineinkneten; der Teig muß recht fest sein. Zur Fülle die angegebenen Zutaten gut mischen, der Teig muß sich streichen lassen. Auf einer Serviette zwei Teigplatten ausrollen, mit der Marzipanfülle bestreichen, so daß ein Rand frei bleibt. diesen mit Eiweiß bestreichen, Striezel zusammenrollen. Noch einmal aufgehen lassen, mit verquirltem Ei bestreichen, bei starker Hitze 30 Minuten backen, mit Puderzucker bestreuen oder mit Zuckerguß überziehen.

Glumsfladen

500 g Mehl, 50 g Hefe, 1/4 Liter Milch, 100 g Zucker, 3 Eier, 200 g Butter. Glumsfüllung: 750 g Quark, 1 Zitrone, 3 Eßl. Grieß, 3 Eier, 75 g Korinthen, Zucker nach Geschmack, zum Beträufeln 50 g Butter.

Aus etwas Mehl, Milch, der Hefe ein Hefestück ansetzen, die übrigen Zutaten untereinander und mit dem Hefestück mischen, noch einmal gehen lassen, Butterflöckchen darunterkneten und zu einem glatten, glänzenden Teig verarbeiten. Dünn auf das gefettete Blech streichen, noch etwas gehen lassen. Quark durch ein Sieb drücken, Zitronenschale hineinreiben, Saft dazugeben, alle übrigen Zutaten unter mischen und gut verrühren. Die Glumsmasse auf den Hefeteig geben, mit der zerlassenen Butter beträufeln und bei mäßiger Hitze goldgelb backen. – Wir können auch aus 75 g Butter. 4 Eßl. Zucker, 4 Eßl. Mehl, einer Messerspitze Zimt Streusel kneten und mit der Hand auf der Glumsmasse verkrümeln. – Bei uns zu Hause wurde der Glumsfladen nach dem Braten in den warmen Ofen geschoben, damit er frisch auf den Tisch kam.

Glumstorte ungebacken

1 fertiger Mürbteigboden, 500 g Speisequark, 125 g Butter, 250 g Zucker, 3 Eier, abgeriebene Zitronenschale, 1 kl. Dose Mandarinen oder Ananas, 1 P. gemahlene Gelatine, 1/4 Liter süßer Schmand.

Mürbteigboden in die Springform geben und den Rand herumlegen. Glumse durch ein Sieb streichen, mit Eigelb, Zucker, Zitronenschale und Butter verrühren. Den Saft vom Obst abgießen, erwärmen, Gelatine darin auflösen. Zu der Glumsmasse geben, ebenso die Hälfte der Früchte. Zuletzt den festen Eischnee und die geschlagene Sahne unterheben. In die Tortenform geben und über Nacht sehr kalt stellen. Vor dem Auftragen Tortenring vorsichtig ablösen. Torte mit den restlichen Früchten garnieren.

Glumstorte ohne Boden

1000 g Speisequark, 250 g Butter, 5 Eigelb, 375 g Zucker, 2 Eßl. Grieß, 1 Zitrone, 1 P. Backpulver, etwas Reibbrot.

Die Butter schaumig rühren, Eigelb und Zucker dazugeben und gut verrühren. Den Grieß unterrühren, dann löffelweise den Quark. Saft und abgeriebene Schale der Zitrone dazugeben, zuletzt das Backpulver. Den Teig solange rühren, bis er Bläschen schlägt. Die Tortenform fetten und mit der geriebenen Semmel ausstreuen. Bei guter Mittelhitze in etwa 60 Minuten goldgelb backen, die letzten 30 Minuten Hitze drosseln. – Durch 1 Gläschen Rum oder 125 g gewaschene, in Rum geweichte Korinthen, 125 g geriebene Mandeln oder Nüsse läßt sich die Torte sehr verfeinern.

Apfelkuchen

500 g Mehl, 250 g Butter, 50 g Hefe, 1/4 Liter Milch, 2 Eier. – 1500 g Äpfel, Zucker nach Geschmack.

Hefeteig nach dem Rezept Streuselfladen (S. 114) zubereiten. Die Äpfel schälen, vom Kerngehäuse befreien und vierteln oder achteln. Mit etwas Zitronensaft, Wein oder Rum beträufeln. Wenn der Hefeteig auf dem Blech genügend gegangen ist, Apfelstücke schuppenartig auf dem Teig auslegen und mit Butterflöckchen besetzen. Während des Backens mit einem Stück Alufolie bedecken, so werden die Äpfel mürbe und zart. Für die letzten 5 Minuten Folie abnehmen. In etwa 30 Minuten bei kräftiger Hitze backen. Den heißen Kuchen mit Zucker bestreuen oder mit einer Zuckerglasur überziehen. Nach dem gleichen Rezept können wir auch Pflaumenkuchen backen, die Früchte brauchen nicht beträufelt zu werden. Zum Schluß gut zuckern.

Großmutters Apfelkuchen

500 g Mehl, 250 g Butter, 250 g Zucker, 1 Ei. 1500 g Äpfel. Guß: 1/4 Liter Milch, 200 g Zucker, 2 Teel. Kartoffelmehl, 3 Eier, 200 g Mandeln.

Aus den angegebenen Zutaten einen Mürbteig kneten, auf Backblech oder in zwei Springformen verteilen, etwa 15 Minuter vorbacken. Die Äpfel mit der Schale, aber ohne Kerngehäuse raspeln und auf dem Kuchen verteilen. Milch mit den Eigelb, dem Zucker und dem angerührten Stärkemehl unter ständigem Rühren zum Kochen bringen, bis zum Abkühlen durchschlagen, zum Schluß die geriebenen Mandeln und den Eischnee unterheben. Über die Äpfel geben und bei starker Hitze in etwa 30 Minuten goldgelb backen.

Gedeckte Apfeltorte

300 g Mehl, 80 g Butter, 80 g Zucker, 1 Ei, 1 Teel. Backpulver, 3 Eßl. Milch. – 1000 g Äpfel, Zucker, Zimt, 3 Eßl. Rum, 1 Zitrone, 100 g Mandeln, 100 g Sultaninen.

Aus den Zutaten einen Mürbteig kneten, in drei Teile teilen. Mit dem 1. Drittel Boden der gefetteten Springform bedecken, mit dem 2. den Rand belegen. Kühl stellen. Äpfel schälen und vierteln, mit Zucker nach Geschmack, etwas Zitronensaft und -schale, Sultaninen und geriebenen Mandeln dünsten. Etwas auskühlen lassen, auf den Teigboden geben, das letzte Drittel vom Teig zu einer Platte ausrollen und über die Äpfel geben, an den Rändern festdrücken. Mit verklopftem Ei bestreichen und bei Mittelhitze etwa 40 Minuten backen. Nach dem Erkalten mit Puderzucker bestreuen oder mit Zucker-Zitronen-Guß überziehen. Schmeckt köstlich – ob mit oder ohne Schlagsahne.

Brühsandkuchen

250 g Butter, 250 g Zucker, vier Eier, 250 g Stärkemehl, 2 Eßl. Mehl, knapp 1/2 P. Backpulver, 1 Zitrone, 1 Eßl. Rum.

Die ganzen Eier mit dem Zucker schaumig rühren, das Stärkemehl nach und nach darüber sieben und einrühren, dann Rum, Saft und abgeriebene Schale der Zitrone. Die Butter wird zum Kochen gebracht, sie wird schäumend heiß unter den Teig gerührt. Leicht abkühlen lassen, zuletzt das mit dem Backpulver gemischte Mehl unterheben. Den Teig entweder in eine Kastenform oder in eine gut schließende Tortenform gießen, sofort in den vorgeheizten Ofen schieben und bei mäßiger Hitze in 45 bis 60 Minuten backen. Evtl. in der zweiten Hälfte der Backzeit mit Folie abdecken, Form nicht bewegen! Den fertigen Kuchen mit Schokoladen- oder Zuckerguß überziehen. Hält sich wochenlang. – Bitte beachten: Teig muß flüssig sein, Form muß fest schließen. Auch als Tortenboden vorzüglich!

Blitzkuchen

125 g Butter, 4 Eier, 250 g Zucker, 250 g Mehl, Kardamom.

Das Mehl mit den Gewürzen mischen und mit der Butter verkneten, dann Eier und Zucker dazugeben und zu einem elastischen Teig verarbeiten. Dünn auf ein gefettetes Blech ausrollen, mit flüssiger Butter bestreichen, mit Zucker und Zimt, evtl. noch mit Mandelstiften, bestreuen. Vor dem Backen mit dem Kuchenrädchen in schräge Streifen teilen, rasch hellbraun backen und noch heiß vom Blech lösen.

Pflaumentorte

250 g Mehl, 125 g Butter, 65 g Zucker, 1 Ei, 750 g entsteinte Pflaumen, Zucker nach Geschmack. – Makronenguß: 250 g Mandeln, 6 Eiweiß, 200 g Zucker.

Die Zutaten zum Teig verkneten, Tortenform fetten, Teig hineingeben, vorbacken (10 bis 15 Minuten). Pflaumen nach Geschmack süßen, im eigenen Saft dünsten, evtl. mit etwas Stärkemehl binden. Teigboden mit geriebener Semmel bestreuen, das Pflaumenkompott darauffüllen. Zum Guß die Eiweiß zu Schnee schlagen, mit Zucker und den geriebenen Mandeln mischen. Auf die Pflaumen geben. Torte bei schwacher Hitze noch etwa 25 Minuten backen.

Tatarenkuchen

Mehl nach Bedarf, 5 Eier, 2 Eßl. Zucker, 1 Eßl. Wasser, 1 Eßl. Rum, 1/2 Teel. Salz, Ausbackfett. – 500 g Honig, 125 g Zucker, 250 g grob gehackte Nüsse oder Mandeln.

Die Zutaten mischen und soviel Mehl hinzugeben, daß ein fester Knetteig (wie zu Nudeln) entsteht. Den Teig messerrückendick ausrollen, in strohhalmdicke Streifen schneiden, diese wieder in kleine Würfel, die mit Mehl bestäubt werden, damit sie nicht zusammenkleben. Ausbackfett erhitzen, je 2 Eßl. voll Würfelchen im Drahtsieb erst abschütteln, dann hellgelb ausbacken – sie gehen sehr auf! Wenn der ganze Teig verbraucht ist, wird das Gebackene mit folgender Mischung übergossen: Honig und Zucker vorsichtig erhitzen, Mandeln oder Nüsse dazugeben. Gut verrühren. Wenn der Teig abgekühlt ist, mit nassen Händen daraus kleine Brote formen und später in Scheiben schneiden. Ein gutes Weihnachtsrezept, das aus Masuren stammt.

Schokoladenfisch

250 g Blockschokolade, 250 g Mandeln, 250 g feiner Zucker, 1 kl. Tasse Rosenwasser, 1 Eßl. Rum, etwas Mandelöl.

Die Mandeln brühen und abziehen, durch die Mandelmühle drehen. Die Schokolade in Stücke brechen und auch durch die Mühle treiben. Den Zucker mit Rosenwasser oder 1 kleinen Tasse Wasser mit Rum aufkochen, rasch mit Schokolade und Mandeln mischen und glattrühren. In die mit Mandelöl ausgepinselte Fischform (oder in kleine Förmchen oder Schalen) geben, nach dem Erkalten stürzen, mit Schokoladenguß überziehen und in dünne Scheiben schneiden.

Gründonnerstagskringel

500 g Mehl, 40 g Hefe, 2 Eier, 1/8 Liter Milch, 250 g Butter, 150 g Zucker, 300 g Sultaninen, 125 g Mandeln, Zitrone, Ei zum Bestreichen.

Aus etwas Mehl, Hefe und Milch ein Hefestück ansetzen, gehen lassen. Mehl mit Eiern, Zucker, 1 Prise Salz, der restlichen Milch gut verkneten, mit dem Hefestück mischen, abgeriebene Zitronenschale untermischen. Der Teig muß sehr fest sein. Noch einmal gehen lassen, ausrollen, eine Hälfte mit recht kalten Butterscheiben belegen, zusammenklappen. Wieder ausrollen, wieder mit Butter belegen, zusammenklappen, insgesamt dreimal. Streifen von 10 cm Breite ausrollen, mit geriebenen Mandeln und vorgeweichten Sultaninen belegen, Ränder überschlagen und eine Rolle drehen. von der kleine Stücke abgeschnitten, wieder zusammengedreht und zu Kringeln geformt werden. Mit Ei bepinseln, mit Mandelspänen belegen, bei mäßiger Hitze hellbraun backen,

Goldkuchen I

250 g Butter, 250 g Zucker, 9 Eigelb, 500 g Mehl, 1/8 Liter Milch, 1 Vanillezucker, 20 g Backpulver, Zitrone.

Butter, Zucker und Eigelb schaumig rühren, allmählich das mit Backpulver gemischte Mehl darübersieben und einrühren, zuletzt nach und nach die Milch. Mit abgeriebener Zitronenschale würzen. Bei Mittelhitze etwa 60 Minuten in Kastenform backen. Mit Zitronenglasur überziehen.

Silberkuchen I

180 g Butter, 280 g Zucker, 5 Eiweiß, 375 g Mehl, 1 Vanillezucker, 1/2 Backpulver.

Die ideale Ergänzung zum Goldkuchen – hier wird nämlich das Eiweiß verbraucht, das bei dem Gegenstück zurückbleibt! Deshalb wurden Gold- und Silberkuchen bei uns zu Hause eigentlich immer gemeinsam angeboten. Zubereitung wie beim Goldkuchen, das steif geschlagene Eiweiß wird zum Teil schon mit dem Mehl zusammen, der Rest zum Schluß untergezogen. Wir können auch halb Weizen-, halb Kartoffelmehl nehmen. 60 Minuten bei Mittelhitze backen. Mit Zuckerglasur überziehen.

Goldkuchen II

400 g Butter, 270 g Zucker, 9 Eigelb, 400 g Mehl, 1 Eßl. Milch, 1 P. Backpulver, 1 Zitrone, 1 Gläschen Rum, 1 Vanillezucker.

Butter, Zucker und Eigelb schaumig rühren, Rum dazu, allmählich das mit Backpulver gemischte Mehl darüber sieben, einrühren, zuletzt die Milch und die abgeriebene Zitronenschale. Bei Mittelhitze in Kastenform etwa 60 Minuten backen. Mit Zitronenglasur überziehen.

Silberkuchen II

250 g Butter, 260 g Zucker, 10 Eiweiß, 500 g Mehl, 1 P. Vanillezucker, 20 g Backpulver, evtl. 90 g Mandeln.

Butter und Zucker schaumig rühren, Eiweiß zu steifem Schnee schlagen. Mehl mit Backpulver mischen. Nach und nach das Mehl über die Butter-Zucker-Mischung sieben, einen Teil des Eischnees mit unterheben, zum Schluß den Rest des Eischnees und die geriebenen Mandeln. In Kastenform bei Mittelhitze 60 Minuten backen. Mit Zuckerglasur überziehen. Haben Sie beide Kuchen gebacken, dann legen Sie abwechselnd Gold- und Silberkuchen auf die Platte. Sie können die Kuchen auch durchschneiden und mit Marmelade oder Buttercreme füllen.

Anhalterkuchen

500 g Butter, 500 g Zucker, 250 g Kartoffelmehl, 250 g Weizenmehl, 10 Eier, Zitrone, 1 P. Backpulver. Mandeln und Zucker zum Bestreuen.

Butter schaumig rühren, mit Zukker und Eigelb gründlich verrühren. Nach und nach das mit Backpulver gemischte Mehl darübersieben und unterrühren, ebenso die abgeriebene Zitronenschale. Zuletzt den festen Eischnee unterziehen. Teig auf dem Backblech ausstreichen, dick mit gehobelten Mandeln und Zucker bestreuen und hellbraun backen bei mittlerer Hitze (etwa 40 Minuten). Noch heiß in Vierecke schneiden. Abgekühlt in einer Blechdose aufbewahren; der Kuchen hält sich ausgezeichnet.

Napfkuchen

500 g Mehl, 50 g Hefe, 3 Eier, 2 Eigelb, 200 g Zucker, 100 g Mandeln, 200 g Butter, $^1/_4$ Liter Milch, 150 g Rosinen, 60 g Zitronat.

Aus etwas Mehl, Milch und der Hefe ein Hefestück ansetzen und gehen lassen. Die Mandeln reiben, Korinthen einweichen, Zitronat würfeln. Die Butter sahnig rühren, nach und nach Eier, Zucker, Mandeln, Mehl und Milch dazugeben, mit dem Hefestück mischen und tüchtig schlagen, bis der Teig Blasen wirft. Zum Schluß Korinthen und Zitronat untermischen. Kuchenform ausfetten, mit Reibbrot ausstreuen, Teig bis Dreiviertelhöhe einfüllen, mit Tuch bedeckt gehen lassen. Bei mittlerer Hitze 60 Minuten backen, Kuchen noch 5 Minuten in der Form stehen lassen, stürzen und dick mit Puderzucker bestäuben oder mit einer Glasur überziehen.

Zuckerglasur

250 g Puderzucker, 2 bis 3 Eßl. Wasser, 1 Eßl. zerlassenes Kokosfett, 1 Teel. Eiweiß.

Alle Zutaten zu einem dickflüssigen Brei rühren; je länger gerührt wird, desto zarter wird der Guß. Zum Aufstreichen auf Plätzchen, Kuchen und Torten vorsichtig im Wasserbad erwärmen. Verändern mit einigen Tropfen Rosenessenz, mit Rum oder Zitronensaft statt Wasser, mit 1 Teel. Pulverkaffee oder 2 Eßl. Kakao oder geriebener Schokolade.

Nußkuchen

250 g Stärkemehl, eine Tasse Weizenmehl, 250 g Zucker, 4 Eier, 250 g Butter, 200 g Haselnüsse, 2 Eßl. Rum, 2 Eßl. Zitronat, 1/2 Backpulver.

Die Eier mit dem Zucker schaumig rühren, die zerlassene Butter dazugeben und nach und nach das Stärkemehl und das mit Backpulver vermischte Weizenmehl. Die Nüsse reiben und unterrühren, den Rum und das feingewürfelte Zitronat dazu. Der Teig ist ziemlich flüssig, wir gießen ihn in eine gut ausgebutterte, feste Form oder füttern die Springform mit Alufolie aus (auch diese dick mit Butter bestreichen!) Bei mäßiger Hitze etwa 45 Minuten backen, mit Puderzucker bestreuen oder mit einem Guß überziehen.

Gekochter Zuckerguß

125 g Zucker, 5 Eßl. Wasser, 250 g Puderzucker, 1 Eßl. Kokosfett.

Den Zucker mit dem Wasser kochen, bis er aufgelöst ist, die Lösung nach und nach mit dem Puderzucker mischen, zum Schluß das zerlassene Fett dazu. Zum Aufstreichen wieder leicht im Wasserbad erwärmen. Auch dieser Guß läßt sich durch verschiedene Geschmackszutaten verändern.

Waffeln I

375 g Mehl, $^3/_4$ Liter Milch, 1 Eßl. Zucker, 2 Eier, 1 Eßl. Butter.

Mehl mit der Milch glattrühren, mit Eigelb, Zucker und der geschmolzenen Butter mischen. Zuletzt den Eischnee unterziehen. Im Waffeleisen goldbraun backen, mit Zucker oder Puderzucker bestreuen, warm zu Tisch geben.

Heilsberger Schmandwaffeln

500 g Mehl, $^1/_2$ Liter süßer Schmand, $^1/_2$ l saurer Schmand, 250 g Butter, 8 Eier, 1 Prise Salz, Zitrone.

Die Butter sahnig rühren, Eigelb, abgeriebene Zitronenschale, nach und nach Sahne und Mehl einrühren, zuletzt den steifgeschlagenen Eischnee unterheben. Zu diesem Teig gehört kein Zucker, dafür werden die goldbraun gebackenen Waffeln dick damit bestreut oder mit Marmelade oder Honig bestrichen.

Waffeln II

250 g Mehl, $^1/_2$ Liter süßer Schmand, 6 Eier, 250 g Butter, 1 Eßl. Zucker.

Eigelb glattrühren, das Mehl nach und nach hineinsieben, die Sahne und die geschmolzene Butter in kleinen Mengen hineinrühren; zuletzt wird der Eischnee untergehoben. Im Waffeleisen goldbraun backen, zuckern.

Zimtwaffeln

500 g Mehl, 250 g Zucker, 250 g Butter, 4 Eier, 60 g Zimt.

Die Butter sahnig rühren, mit Eigelb, Zucker und Zimt verrühren, nach und nach das Mehl übersieben und unterrühren. Im Waffeleisen goldbraun backen und heiß reichen.

Nußwaffeln

250 g Mehl, 2 Teel. Backpulver, 250 g Butter, 125 g Zucker, 1 P. Vanillezucker, 150 g Haselnüsse, 1 Eßl. Rum 4 Eier,

Die Butter sahnig rühren, nach und nach Eigelb, Zucker, Vanillezucker, die geriebenen Nüsse, den Rum und das mit dem Backpulver gemischte Mehl unterrühren, zuletzt den steif geschlagenen Eischnee unterziehen. Im gefetteten Waffeleisen goldbraun backen und mit Zucker bestreut rasch auftragen.

Sandwaffeln

250 g Stärkemehl, 250 g Butter, 250 g Zucker, 4 Eier, 1 P. Vanillezucker.

Die Butter zu Sahne rühren, nach und nach Eigelb, Zucker, Stärkemehl, Vanillezucker unterrühren, zuletzt den steif geschlagenen Eischnee unterziehen. Im Waffeleisen, das mit Schmalz ausgefettet wird, goldbraun backen und mit Zucker oder Puderzucker bestreut heiß zu Tisch geben.

Raderkuchen I

250 g Mehl, 70 g Zucker, 2 Eigelb, 50 g Butter, 6 Eßl. süßer Schmand oder Weißwein, 50 g Mandeln, Ausbackfett.

Aus den Zutaten einen geschmeidigen Teig kneten, die Mandeln kommen gerieben hinein. Der Teig darf nicht an den Händen kleben. Ausrollen, übereinanderschlagen und 30 Minuten kühl stellen. Wieder ausrollen und mit dem Kuchenrädchen 10 cm lange, 3 cm breite Streifen abteilen, in deren Mitte ein etwa 5 cm langer Schnitt gemacht wird. Die Hälfte des Streifens durch diesen Einschnitt ziehen. Das Backfett in einer Deckelpfanne soweit erhitzen, daß sich um einen hineingehaltenen Holzlöffelstiel kleine Bläschen bilden, jeweils nur so viele Kuchen hineingeben, daß sie sich nicht berühren, goldbraun ausbacken, auf Küchenpapier abtropfen lassen, mit Puderzucker bestäuben.

Hefewaffeln

375 g Mehl, 25 g Hefe, 1/8 Liter saurer Schmand, 125 g Butter, 50 g Zucker, 4 Eier, 1 Prise Salz, 1 P. Vanillezucker.

Aus etwas Mehl, Hefe und Milch ein Hefestück ansetzen, gehen lassen, mit den übrigen Zutaten mischen, zuletzt die Butter in kleinen Stückchen mit durchkneten. Teig noch einmal gehen lassen, in kleinen Portionen in das Waffeleisen geben und die Waffeln goldgelb backen.

Raderkuchen II

Etwa 500 g Mehl, 6 Eigelb, 4 Eßl. Butter, 4 Eßl. Zucker, 4 Eßl. Milch, Zitrone, Ausbackfett.

Aus den Zutaten einen festen Teig kneten (Mehl nach Bedarf nehmen), ausrollen, übereinanderschlagen und 30 Minuten kühl stellen. Wieder ausrollen und wie beim vorhergehenden Rezept Raderkuchen machen und ausbacken. Die Zuckerbeigabe ist bei den Rezepten gering, weil die Kuchen sonst zu schnell bräunen. Deshalb zum Schluß dick mit Puderzucker bestreuen!

Purzel

500 g Mehl, 2 Eier, 100 g Zucker, 1 Teel. Backpulver, 1/4 Liter saurer Schmand, 1 P. Vanillezucker, Ausbackfett.

Alle Zutaten zu einem ziemlich festen Teig verkneten, mit dem Löffel kleine ovale Stücke abstechen und nur so viele auf einmal ausbacken, daß sie sich nicht berühren. Auf Küchenpapier entfetten und in Zucker wenden. Die Purzel wurden am Silvesterabend oder zu Fastnacht heiß zum Punsch gegessen, als Kinder aßen wir sie am liebsten mit eingemachten Blaubeeren.

Hausfreundchen

400 g Mehl, 200 g Butter, 125 g Zucker, 1 Eigelb, 2 Eßl. Zitronensaft, 1 Prise Zimt, 1 Teel. Backpulver, 1 Prise Salz, Rosenwasser, Marzipanmasse, Schokoladenglasur.

Butter sahnig rühren, Mehl mit Backpulver mischen, alle Zutaten zu einem festen Teig verkneten, ausrollen, runde Plätzchen ausstechen und bei mäßiger Hitze backen. Plätzchen mit Rosenwasser bestreichen, mit Marzipanscheiben in gleicher Dicke belegen, mit einer Schokoladenglasur überziehen, mit je einer Haselnuß oder Walnußhälfte verzieren.

Hefe-Purzel

500 g Mehl, 40 g Hefe, 4 Eier, 2 Eigelb, 100 g Zucker, 1 Prise Zimt, 1 Tasse Milch, 125 g Butter, Ausbackfett.

Aus etwas Mehl, Hefe und Milch ein Hefestück ansetzen, gehen lassen. Alle Zutaten mit dem Hefestück zu einem ziemlich festen Teig verkneten, der noch einmal gehen muß. Mit einem Löffel kleine, ovale Stücke von dem Teig abstechen, ausbacken, entfetten und mit Puderzucker bestäuben.

Zimtsterne

500 g Zucker, 500 g Mandeln, 8 Eiweiß, Zimt nach Geschmack, Backoblaten.

Die Eiweiß zu sehr steifem Schnee schlagen, 8 Eßl. davon beiseite stellen. Mandeln mit der Schale reiben. Eischnee mit Zucker mischen, Mandeln und Zimt nach Geschmack dazugeben. Teig 1/2 cm dick ausrollen, Sterne ausstechen, auf Oblaten setzen, mit dem zurückbehaltenen Eischnee bestreichen und bei gelinder Wärme hell abbacken.

Anisplätzchen

500 g Mehl, 500 g Zucker, 1 Teel. Anis, 6 Eier.

Eier und Zucker schaumig rühren, nach und nach das Mehl dazurühren, zuletzt das Gewürz. Der Teig muß sehr gründlich durchgearbeitet werden. Mit einem Teelöffel kleine Häufchen Teig auf ein gefettetes Blech setzen. Über Nacht kühl stellen, damit sich auf den Plätzchen ein Häutchen bilden kann. Bei milder Hitze hellgelb backen.

Makrönchen

500 g Zucker, 500 g Mandeln, 3 Eßl. Kartoffelmehl, 1 Eßl. Rosenwasser, 8 Eiweiß, Backoblaten.

Mandeln reiben, mit dem Zucker und dem Stärkemehl mischen, Rosenwasser dazugeben, Eiweiß zu steifem Schnee schlagen und unterheben. Mit zwei Teelöffeln kleine Teighäufchen auf Oblaten legen oder das Blech mit Alufolie auslegen und die Makrönchen darauf setzen. Bei leichter Hitze etwa 30 Minuten backen.

Ostertorte

200 g Mehl, 200 g Zucker, 4 Eier, 1 Teel. Backpulver. Creme: zwei Eier, 75 g Zucker, 1 Zitrone, 1 P. gemahlene Gelatine, 2 Apfelsinen oder 1 Tasse Ananasstückchen, 50 g Mandeln, 1/4 Liter süßer Schmand.

Eigelb und 2/3 des Zuckers mit einem Schneebesen tüchtig schlagen, das mit dem restlichen Zucker fest geschlagene Eiweiß darübergeben, das mit Backpulver gemischte Mehl darübersieben und rasch mit dem Schneebesen mischen. Nur den Boden der Springform buttern, mit gefettetem Pergamentpapier auslegen, Teig einfüllen und bei mittlerer Hitze in 20 Minuten backen, nicht berühren. Abgekühlt stürzen, Papier abziehen, nachtüber stehen lassen. In drei Platten teilen. Zucker mit Eigelb schaumig rühren, Zitronensaft und Gelatine dazu, dann Fruchtstücke. Wenn halbsteif, Eischnee und Schlagsahne unterziehen, Torte füllen und bestreichen, mit Mandelspänen bestreuen.

Makronentorte

500 g Zucker, 500 g Mandeln, 1 Tasse feines Reibbrot, 3 Eßl. Rosenwasser, 10 Eiweiß.

Die feingeriebenen Mandeln werden mit dem Zucker und der feingeriebenen Semmel vermischt (wir können auch 1 Teel. Backpulver dazunehmen). Mit dem Rosenwasser verrühren und den steifgeschlagenen Eischnee leicht unterheben. In einer gebutterten Tortenform etwa 45 Minuten bei leichter Hitze backen.

Jägertorte

250 g Mandeln, 8 Eier, 250 g Puderzucker, 2 Eßl. Reibbrot, 1 Eßl. Rum, 1 Zitrone, Marmelade, Zuckerguß.

Die Mandeln nicht schälen, sondern mit einem Tuch abreiben und mahlen. 2 ganze Eier und 6 Eigelb mit dem Zucker schaumig rühren, die anderen Zutaten (Saft und abgeriebene Schale der Zitrone) dazugeben, zuletzt den steif geschlagenen Eischnee unterziehen. Eine Torte oder drei Platten bei mittlerer Hitze backen. Tortenboden am nächsten Tag zweimal durchschneiden, mit herzhafter Marmelade füllen, mit Zuckerguß überziehen oder mit Puderzucker bestreuen.

Nußtorte

375 g Walnußkerne, 375 g Zukker, 18 Eier, 75 g Mehl. Füllung: 125 g Walnußkerne, $^1/_2$ Liter Milch, 1 Vanilleschote, 6 Eier, 250 g Zucker, 10 g Gelatine, $^1/_2$ Liter süßer Schmand.

6 Eier und 12 Eigelb mit dem Zucker schaumig rühren, mit den gemahlenen Nüssen und dem Mehl mischen, zuletzt den steifgeschlagenen Eischnee unterziehen. In ausgefetteter, mit gefettetem Papier oder Alufolie ausgelegter Form 4 bis 5 Teigplatten bei mäßiger Hitze goldbraun backen, sofort auf weiche Unterlage kippen, Papier abziehen. Zur Füllung die Milch mit den Nußkernen aufkochen, Eigelb und Zucker schaumig rühren, beides mischen und auf kleinem Feuer dick und gar schlagen. Die eingeweichte Gelatine nach einer Weile unterziehen, die Masse kalt rühren und dann erst die geschlagene Sahne unterziehen. Die Platten mit Creme bestreichen, zusammensetzen, die Torte mit Zuckerguß überziehen, mit Nußhälften und Schlagsahne garnieren. Ein altes Familienrezept für besonders festliche Anlässe.

Brauttorte

500 g Butter, 500 g Zucker, zwölf Eier, 500 g Mandeln, 500 g Mehl, 1 Tasse Rum, Zuckerguß.

Die Butter mit dem Zucker schaumig rühren, die ganzen Eier nach und nach dazugeben, die abgezogenen, gemahlenen Mandeln unterrühren, zum Schluß das Mehl und den Rum. Den gut durchgearbeiteten Teig in zwei mittelgroße Springformen füllen und bei mittlerer Hitze goldbraun backen. Mit weißem Zitronen-Zuckerguß überziehen, mit kandierten Früchten und ganz kleinen Mürbteigherzen garnieren. Ein altes Familienrezept für Hochzeiten.

Knuspertorte

500 g Frischkornschrot (Reformhaus), 200 g Butter, 160 g Zukker, 2 Eier, Zitrone, 1 P. Backpulver, 1 P. Vanillezucker. Füllung: Vanillecreme oder Schlagsahne, Marmelade.

Die Butter mit dem Zucker schaumig rühren, die abgeriebene Zitronenschale dazu, die Eier unterrühren und zuletzt das mit Backpulver gemischte Schrotmehl. Möglichst dünne Tortenböden bei mäßiger Hitze goldbraun backen. Vanillecreme aus Soßenpulver zubereiten, mit Eigelb und Eischnee verfeinern und abwechselnd mit säuerlicher Marmelade auf die Platten streichen. Statt Vanillecreme können wir auch Schlagsahne nehmen. Torte zusammensetzen, mit Creme oder Sahne überziehen und nach Belieben garnieren.

Molthainer Torte

4 Eier, 150 g Zucker, 1 P. Vanillezucker, 1 Zitrone, 100 g Mehl, 100 g Kartoffelmehl, 2 Teel. Backpulver, Zuckerguß, 125 g Krokant. Füllung: 1/2 Liter Milch, 1 P. Vanillezucker, 3 Eigelb, 125 g Zucker, 30 g Mehl, 125 g Butter.

Eigelb mit 2 Eßl. warmem Wasser schaumig rühren, Zucker, 1 Prise Salz und abgeriebene Zitronenschale dazugeben. Den steifen Eischnee auf die Masse geben, darüber das mit Backpulver gemischte Mehl sieben, vorsichtig unterziehen. Springformboden fetten, mit gebuttertem Pergamentpapier belegen, bei mäßiger Hitze goldbraun backen. Abgekühlt zweimal durchschneiden. Milch mit Vanillezucker aufkochen, Eigelb mit der Hälfte des Zuckers schaumig rühren, Mehl zufügen. Heiße Milch zugießen, auf schwacher Flamme kochen. Butter mit restlichem Zucker schaumig rühren, erkaltete Creme dazu. Torte füllen und bestreichen, Zuckerguß und Krokant darüber.

Schwarze Torte

250 g zartbittere Schokolade, 250 g Butter, 250 g Zucker, 250 g Mehl, 2 geh. Teel. Backpulver, 6 Eier, 125 g Mandeln, 1/4 Liter Weinbrand, Orangenmarmelade, Couvertüre.

Butter und Zucker schaumig rühren, Eigelb und geriebene Schokolade dazugeben, nach und nach das mit dem Backpulver übergesiebte Mehl. Zuletzt Eischnee mit den ungeschälten, geriebenen Mandeln unterheben, nicht rühren. In gebutterter Springform bei mittlerer Hitze etwa 50 Minuten backen. Nach dem Auskühlen Teigboden mit einem Pinsel nach und nach mit dem gesamten Weinbrand tränken, mit Marmelade bestreichen und mit nach Vorschrift aufgelöster Couvertüre (mindestens 125 g) überziehen. Diese festliche Torte schmeckt am besten, wenn sie über Nacht gut durchziehen kann.

Honigkuchen

500 g Mehl, 150 g Kartoffelmehl, 500 g Honig, 250 g Zucker, 100 g Schmalz, 100 g Pflanzenöl, drei Eier, 250 g Mandeln, 1 P. Backpulver, 1 P. Pfefferkuchengewürz, abgeriebene Zitronenschale.

Eier und Zucker schaumig rühren, soviel Mehl dazurühren, wie der Teig aufnimmt. Honig und Fett erwärmen, abgekühlt zu der Eimasse geben. Das restliche Mehl mit Backpulver, Gewürz und den geriebenen Mandeln mischen, hineinrühren. Gefettetes Blech mit gebutterter Alufolie auslegen, Teig daraufgeben, mit Eigelb bestreichen, mit Mandelhälften und Zitronat verzieren, bei mittlerer Hitze in 50 bis 60 Minuten backen und nach dem Erkalten in Stücke schneiden. Der Teig eignet sich auch gut für Plätzchen, Pfefferkuchenmänner und anderes Kleingebäck. Pfefferkuchenschnitten können wir auch mit Gelee oder Marmelade füllen und mit beliebigem Guß überziehen.

Pfefferkuchen I

500 g Honig, 700 g Zucker, 500 g Mehl, 100 g Butter oder Schmalz, 3 Eier, 50 g gemahlene Nüsse, 1 P. Pfefferkuchengewürz, 2 Eßl. Zitronatwürfel, 16 g Pottasche, 2 g Hirschhornsalz, 50 g Mandeln, etwas Rosenwasser.

Den Honig mit dem Zucker vorsichtig erhitzen, abkühlen lassen. Das Mehl mit den Gewürzen und dem zerlassenen Fett mischen, Eier und Nüsse einrühren, alles mit dem Honig gut durchkneten, zuletzt Pottasche und Hirschhornsalz, in 6 Eßl. Rosenwasser aufgelöst, unterkneten. Den Teig mit Mehl bestreuen und mindestens 8 Tage ruhen lassen. – Vor dem Backen Blech einfetten und mit etwas Mehl besieben, den Teig etwa 1 cm dick ausrollen, mit Wasser oder verquirltem Ei bestreichen, mit den geschälten Mandeln und dem Zitronat verzieren, bei mäßiger Hitze 20 bis 30 Minuten backen und in Stücke schneiden. Der Teig läßt sich auch für Plätzchen oder Pfeffernüsse verwenden.

Pfefferkuchen II

1500 g Honig, 1000 g Zucker, 2300 g Mehl, 650 g Mandeln, 2 P. Pfefferkuchengewürz, 45 g Pottasche, 10 g Hirschhornsalz, 1/4 Liter Rosenwasser, 4 Eier oder 8 Eigelb, 125 g Zitronat, 125 g kand. Pomeranzenschale, 125 g kand. Ingwer.

Alle Zutaten gut mischen, den erwärmten Honig dazugeben, Mandeln reiben, kand. Früchte würfeln, Pottasche und Hirschhornsalz in dem Rosenwasser auflösen, zuletzt hineingeben, alles tüchtig durchkneten und mindestens 8 Tage vor dem Backen ruhen lassen. Backen wie im vorhergehenden Rezept angegeben.

Altniederunger Pfefferkuchen

500 g Zucker, 250 g Honig, 250 g Sirup, 125 g Butter oder Schmalz, 1500 g Mehl, 1 P. Pfefferkuchengewürz, 2 Eier, 10 g Pottasche, 10 g Hirschhornsalz, 1/2 Tasse Rum.

Honig und Sirup mit Zucker und Fett erwärmen, wieder abkühlen lassen. Mehl mit Gewürzen und Eiern mischen, Honigmasse damit verkneten, Treibmittel in Rum auflösen, zum Schluß dazugeben und tüchtig durcharbeiten. Teig einige Tage ruhen lassen. Auf gefettetem und bemehltem Blech bei mäßiger Hitze etwa 30 Minuten backen, vorher mit Ei bestreichen, oder beliebige Plätzchen ausstechen und bakken. Mit Mandeln, Nüssen, Zitronat oder kandierten Früchten verzieren, Plätzchen mit Zuckerguß überziehen.

Königsberger Marzipan

500 g Mandeln, 15 g bittere Mandeln, 400 g Puderzucker, 3 Eßl. Rosenwasser.

Mandeln überbrühen, schälen, abspülen, trocknen, mit dem Puderzucker zweimal durch die Mandelmühle geben. Mandelmasse mit Rosenwasser gründlich verkneten, bis der Teig geschmeidig ist. Über Nacht kühl stellen. Messerrückendick ausrollen, ausstechen. Zweites Stück dicker ausrollen, daraus Randstreifen schneiden, auf den Böden mit Rosenwasser festkleben. Mit Stricknadel Ränder verzieren. Blech mit Pergamentpapier bedecken, mit Puderzucker bestreuen, Marzipan darauf. Unter dem Grill solange backen, bis sich Ränder bräunlich färben. Mit Eiweiß oder dickem Zuckerwasser bestreichen.

Gefülltes Randmarzipan

Marzipanmasse wie beim vorhergehenden Rezept. Füllung: 750 g Puderzucker, Rosenwasser oder Zitronensaft nach Bedarf oder Rum-Zuckerguß, kandierte oder eingemachte Früchte, Schokoladenguß.

Die Marzipanmasse bereiten wir zu wie im vorangegangenen Rezept. Den Zuckerguß aus den angegebenen Zutaten etwa 30 Minuten rühren (in der Küchenmaschine geht es schneller) und das Randmarzipan damit füllen, wenn es gebacken (geflämmt) ist. Wir können auch etwas Gelee in die Formen geben, Früchte darin verteilen und den Zuckerguß darübergeben oder die Stücke mit Schokoladenguß füllen. Vorzüglich schmecken Marzipanwürfel, die mit Couvertüre überzogen und mit je einer halben Walnuß verziert werden. Natürlich können wir auch fertig gekaufte Marzipanmasse in der beschriebenen Weise verarbeiten.

Thorner Katharinchen

375 g Honig, 400 g Zucker, 100 g Butter, 1000 g Mehl, 1 P. Pfefferkuchengewürz, 25 g Pottasche, 1/8 Liter Rosenwasser, Ei, Zitrone.

Den Honig mit der Butter erhitzen, unter ständigem Rühren Zucker darin auflösen, abkühlen lassen. 3/4 des Mehls mit Gewürzen (auch abgeriebener Zitronenschale) mischen, 3 Eßl. kaltes Wasser hineingeben und die Honigmasse, Pottasche in Rosenwasser auflösen und zu dem Teig geben, mit dem Rest des Mehls tüchtig durchkneten und den Teig einige Tage ruhen lassen. Teig ausrollen, mit Katharinchenform oder anderen Formen Plätzchen ausstechen, mit Ei bestreichen und auf gefettetem Blech bei mäßiger Hitze etwa 20 Minuten backen. Mit Zucker- oder Schokoladenguß überziehen.

Die flüssige Labe

Rum muß, Zucker kann, Wasser braucht nich . . . Diese ebenso klare wie umfassende Anweisung ist wohl das kürzeste Rezept, das die ostpreußische Küche zu bieten hat. Bliebe nur noch hinzuzufügen, daß es sich hier um den ‚Ostpreußischen Maitrank' handelt – um den Grog. Der ist zwar überall an der Wasserkante zu Hause als handfestes Männergetränk für kalte Winterabende; daß man ihn aber auch im Frühjahr zu sich nimmt, das dürfte wohl den nordöstlichen deutschen Landen vorbehalten bleiben. So soll es auch mal geschehen sein, daß einer den alten Blaudschun an einem milden Juniabend vor einem Maitrank sitzen sah und erstaunt fragte: „Was trinken Sie denn da?" – „Ei Grog." – „Ja, Mann, aber was trinken Sie denn im Winter, wenn es kalt ist?" – „Ei mehr Grog."

Wenn wir so manches Mal von dem harten Winter und dem späten Frühling in unserer Heimat sprechen, dann könnte es wohl so scheinen, als wollten wir uns entschuldigen, daß die flüssige Labe, das hochprozentige ‚Schlubberchen', bei uns sehr geschätzt wurde. Aber vielleicht liegt das auch ein wenig an der Geschichte des Landes: die Ritter und Siedler, die einst aus dem ganzen Abendland nach Osten zogen, waren wohl ebenso unternehmungslustige wie rauhe Gesellen, die einen kräftigen Trunk zu schätzen wußten. Und merkwürdig – das beliebteste unter den harten Getränken ist gleichzeitig eins der süßesten: der Bärenfang, zubereitet mit bestem Honig, den man selbst erntete oder bezog, zusammen mit reinem Korn, gelegentlich sogar auf Tannenknospen angesetzt, ein Trunk, der lieblich die Kehle hinunterläuft, aber mit einiger Vorsicht zu genießen ist, wenn man die Wirkung nicht kennt. Dutzende von alten Familienrezepten gab es dafür, sie wurden streng gehütet und von Generation zu Generation weitergegeben.

Von der gleichen Art – Härte mit Süßigkeit vermählt – ist der Kosakenkaffee, der sich, von einem alten masurischen Familienbetrieb hergestellt, auch hier im Westen einen Namen gemacht hat. Und wer kennt noch die probaten Mischungen mit so phantasievollen Namen wie etwa den ‚Pepperinnes', einen feurigen Pfefferschnaps, das ‚Feuerwehrmännchen', Korn mit einem Bittern ‚übergebraten', den ‚Seehund', einen Weißwein-Punsch, den ‚Eisbrecher' aus Rotwein und Arrak, und die anderen alle mit den ungezählten Namen! Einige davon haben wir hier mit ihren Rezepten zu einem bunten Reigen zusammengestellt. Wollte man einigen Anspruch auf Vollständigkeit erheben, würde wohl ein ganzer Band daraus werden!

Eine hübsche Geschichte erzählte der alte Sanitätsrat Dr. Kittel aus der Memelniederung von einem Besucher, der sich gefeit glaubte gegen gehaltvolle Getränke. Es war im Jahre 1874 in Gumbinnen. Der neue Oberpostdirektor aus dem ‚Reich' erzählte dem Regierungspräsidenten, daß er seine erste Dienstreise nach Ruß antreten wolle. „Sie werden sich dort betrinken!" – „Aber . . ." – „Wir wetten!" Ein Telegramm ging an einen Freund in Ruß mit der Ankündigung des hohen Besuchers und der lapidaren Aufforderung: „Nimm ihn!" Der Beamte blieb tatsächlich standhaft. Aber nach einem Besuch in dem berühmten Elchrevier, der Ibenhorster Forst, bei kräftiger Kälte, ließ er sich gern in einem Bauernhaus zum Kaffee einladen. In der warmen Stube wurde den Herren ein heißer, stark gesüßter Kaffee mit viel Schmand vorgesetzt; sie tranken viele

Tassen davon, die Stimmung wurde immer munterer. Und am nächsten Tag ging ein Telegramm nach Gumbinnen mit dem knappen Text: „Ich hab ihn." Des Rätsels Lösung: der wohlschmeckende Kaffee war statt mit Wasser mit – Rum und Portwein aufgegossen worden; die Flaschen hatte der Gastgeber mit dem ‚Rezept' vorher dem Bauern zugeschickt . . .

Diesem Sanitätsrat, der die Leute ebenso gern kurierte wie er sie zum Narren hielt, werden auch zwei Rezepte zugeschrieben, die wir in diesem Kapitel der Nachwelt überliefern wollen: ein Milchpunsch und ein Wasserpunsch; beide tragen den Namen des Städtchens Ruß. Böse Zungen behaupteten zwar, der Name Milchpunsch bedeute, daß kein Tropfen Milch in dem Getränk zu finden sei, und mit dem Wasserpunsch sei es nicht viel anders – aber überzeugen Sie sich selbst, beides sind Getränke für eine fröhliche Gesellschaft, ‚tom Huckeblieve', also zum Sitzenbleiben. Und daß der oder jener, dem das Getränk angeblich zu stark war, es sich mit reinem Arrak verdünnt habe, ist wohl auch in den Bereich der Fabel zu verweisen.

Schließlich kannte man ja in Ostpreußen auch leichtere Getränke, wenn auch die Biergläser ob ihrer Winzigkeit etwa den Bayern, die in unser Land kamen, nur ein mitleidiges Kopfschütteln entlocken konnten. Aber es gab gute Brauereien in Königsberg und in der Provinz, und es gab auf dem flachen Lande auch eine Reihe von Familienrezepten für selbstgebrautes Erntebier, das sich wohl trinken ließ. Und schließlich gab es auch noch die ‚Winzer' in Ostpreußen, die einen prächtigen ‚Kopskiekelwein' anzusetzen verstanden, so genannt, weil man nach dem Genuß dieses Getränkes wohl fähig war, auf dem Heimweg Purzelbäume zu schlagen. Es gab nämlich auch ein altberühmtes Lokal am Stadtrand von Königsberg, wo der ‚Kopskiekelwein', ein junger Johannisbeerwein, an lauen Sommerabenden ausgeschenkt wurde. Es gab überhaupt eine Reihe von historischen Lokalen wie das ‚Blutgericht' unter den Gewölben des Königsberger Schlosses, das ob seiner edlen Rotweine weithin bekannt war, oder etwa die ‚Ilskefalle' in Pillau, deren Gästebuch viele berühmte Namen enthielt.

Darüber wollen wir aber nicht die unzähligen kleinen Gasthäuser auf dem flachen Lande vergessen, Treffpunkte für die Männer des Dorfes, aber auch für die Jugend auf fröhlichen Festen, bei denen die stolzen Mütter mit wachen Augen verfolgten, wer mit wem tanzte oder für ein Weilchen draußen auf der Dorfstraße Kühlung suchte. Da war es dann wohl manchmal nötig, daß so ein junger Mann sich erst einmal mit ein paar heimatlichen Spezialitäten anwärmte, ehe er den Mut fand, der Dame seines Herzens etwas näher zu rücken.

Wir denken an die gemütlichen Lokale in den Städten der Provinz, oft mit einem Gasthof oder mit einem Hotelbetrieb verbunden, in denen es an Markttagen oder zu den großen Jahresmärkten hoch herging, ganz abgesehen von den winterlichen Bällen, zu denen junge und alte Menschen aus Stadt und Land zusammenkamen und deren Beginn von den Schlittenglocken der ländlichen Teilnehmer eingeläutet wurde.

An wunderschön gelegene Ausflugsstätten erinnern wir uns, an den blauen Flächen der ostpreußischen Seen, in hügeliger Landschaft oder in den großen Wäldern gelegen, in denen es immer

etwas zu ‚schmengern' gab, von den zarten Maränen über Berge von Kuchen bis zu den ‚Seelenwärmern' im Winter.
Und schließlich — was wären unsere Badeorte an der Küste und auf den Nehrungen gewesen ohne die Vielzahl der Lokale, Kaffeegärten und kleinen Gasthöfe, in denen in der Saison ein buntes Treiben herrschte? Cranz mit seiner breiten Seepromenade, das elegante Rauschen, das stille Warnicken, das kleine Sarkau oder Rossitten mit der Vogelwarte und das Künsterdorf Nidden, um nur einige zu nennen, empfingen den Gast mit echt ostpreußischer Herzlichkeit und hatten jedem etwas zu bieten.
Trotz dieser Fülle an gastlichen Stätten: Die unvergeßlichsten Eindrücke von der ostpreußischen Gastlichkeit haben sicher die Besucher mitgenommen, die sie im Kreise einer Familie gewannen.
Wenden wir uns nun den Rezepten zu, die uns wert schienen, aufgeschrieben zu werden. Und wenn Sie diese Rezepte nicht nur lesen, sondern — wie wir hoffen — auch gelegentlich in geselliger Runde probieren, dann werden Sie erkennen, daß diese selbstgebrauten Spezialitäten in ganz besonderem Maße geeignet sind, Herz und Zunge aufzuschließen und den oft so grauen Alltag vergessen zu machen . . .

Die meisten von uns kennen Birkenwasser nur als Grundstoff für ein Haarpflegemittel; daß es auch für ein Getränk frisch aus den jungen Bäumen gezapft wurde, davon wissen nur die Alten zu berichten. Hier finden Sie nun das alte Rezept, das ein wohlschmeckendes Getränk ergeben haben soll. Wir hingegen müssen uns mit dem Holundersekt begnügen, dem man ähnliche Eigenschaften nachsagt.

und verziert ihn mit eingemachten Früchten. Man kann auch süßen Schmand, worin man über gelindem Kohlenfeuer einige Eierdotter, Zucker und die auf Zucker abgeriebene Citronenschale gequirlt hat, nachdem er völlig erkaltet ist, dazu geben.

D. Von Getränken.

247. Champagner aus Birkenwasser.

48 Pfund Birkenwasser werden mit 8 Pfund Zucker gut gekocht und abgeschäumt. Ist der vierte Theil eingekocht, so seiht man es in ein Fäßchen, gießt, wenn es gehörig abgekühlt ist, 4 Stof Franzwein, schüttet 9 in ganz dünne Scheiben geschnittene Citronen und 4 Löffel voll etwas erwärmte Oberhefen dazu. Von diesem allen aber muß das Fäßchen nicht voll werden. Man läßt es nun gähren, verspündet es nach der Gährung fest. Wenn der Bodensatz sich gesetzt, das Getränk ganz klar ist, zieht man es auf Champagner-Bouteillen, die aber nicht ganz voll seyn müssen, weil sie sonst leicht springen, und verstopft und verpicht diese Flaschen.

248. Meth.

Von dem gewöhnlichen hier mit dem Wachse zusammen gestampften Honig füllt man auf eine Tonne 5 Tonnen warmes Wasser, drückt das Wachs mit den Händen aus and nimmt ihn heraus. Man gießt nun den Meth durch ein Haarsieb in einen Kessel, kocht etwas Hopfen in einem Säckchen und gießt diese Hopfenbrühe dazu. Die Quantität des Hopfens läßt sich, weil er von so verschiedener Güte ist, nicht be-

Die flüssige Labe

Landrat

$1/2$ Liter süßer Schmand, 4 Eigelb, 2 Likörgläser Arrak, 2 Likörgläser Maraschino, 2 Eßl. Zucker.

Eigelb, Sahne und Zucker gut verquirlen, im Wasserbad heiß und schaumig schlagen. Topf vom Feuer nehmen und unter ständigem Schlagen den Alkohol zufügen. Heiß trinken. Die Menge ergibt vier Teegläser voll.

Jägermilch

4 Gläser süßer Schmand, 4 Gläser Arrak, 4 Gläser Sekt, 4 Gläser Eisstückchen, 4 Eßl. Zucker.

Sahne und Zucker tüchtig verquirlen und nach und nach die anderen Zutaten beifügen. Das Rezept stammt aus einem masurischen Forsthaus.

Weihnachtspunsch

1 Flasche Moselwein, $1/2$ Flasche Rum, 1 Flasche Wasser, 250 g Zucker, 1 Zitrone.

Wasser mit dem Zucker und der Zitronenschale aufkochen, den Wein vorsichtig erhitzen, aber nicht kochen, zuletzt den Rum hinzugeben und den Punsch mit etwas Zitronensaft abschmecken, heiß zu Tisch geben.

Bärenfang

500 g Honig, $^1/_2$ Liter Weinsprit (96 %ig), 1 Stückchen Stangenzimt, $^1/_2$ Vanilleschote, 1 Nelke, 1 Tasse Wasser.

Das Wasser erhitzen und darin die Gewürze eine Weile ziehen lassen (nicht kochen!). Die Gewürze herausnehmen und den etwas abgekühlten Sud mit dem Honig mischen, der möglichst frisch (also noch nicht verzukkert) ist. Wenn alles gut gemischt und kalt ist, gießen wir den Weinsprit dazu, mischen wieder gründlich durch und füllen das Getränk in Flaschen, die nicht ganz voll werden dürfen, denn sie müssen immer wieder geschüttelt werden. Das ist das Grundrezept, das sich beliebig verändern läßt. Verfeinert wird das Getränk durch Zusatz von Weinbrand, Rum oder Moselwein. Manche mischen den Honig auch mit reinem Korn und schütteln die Flasche 20 Minuten lang. Einige trinken ihn frisch, andere lassen ihn erst ablagern.

Eierlikör

10 Eier, $^1/_2$ Liter Weinsprit (96 %ig), 375 g Zucker, 1 Stange Vanille.

Eigelb und Zucker 30 Minuten lang schaumig rühren, Alkohol langsam dazugeben, zuletzt das zu flüssigem Schaum geschlagene Eiweiß. In zwei Flaschen füllen, in jede an einem Faden ein Stück Vanilleschote hängen. Oft schütteln, etwa 8 Tage lang ziehen lassen. Ergibt etwa 1 Liter Likör. Man kann auch guten Weinbrand oder Cognac statt des Weinsprits nehmen.

Johannisbeerlikör

1 Flasche reiner Korn (32 %ig), 2 Tassen abgestreifte schwarze Johannisbeeren, 10 Himbeeren, 20 Brombeeren, $^1/_2$ Tasse Zukker, $^1/_3$ Vanilleschote, 1 Teel. Pulverkaffee.

Die Hälfte des Korns in eine andere Flasche gießen, die abgestreiften Johannisbeeren hinzufüllen, dann nach Belieben Himbeeren und zerdrückte Brombeeren, das Stück Vanilleschote, Zucker und Kaffeepulver. Flasche zukorken und täglich gut durchschütteln. Hat die Flüssigkeit sich dunkelrot gefärbt, den Inhalt durch eine Filtertüte gießen und den restlichen Korn dazugeben. Gut gekühlt reichen.

Pillkaller

1 Flasche klarer Korn, 1 geräucherte Landleberwurst (möglichst mit Majoran gewürzt), 1 Glas mittelscharfer Mostrich (Senf).

Die Gläser für dieses Getränk dürfen oben nicht zu weit sein, am besten eignen sich Spitzgläser. In jedes Glas kommt ein Korn, auf den oberen Rand wird eine Scheibe Leberwurst (natürlich ohne Pelle) gelegt, darauf kommt ein guter Klacks Mostrich. Das Trinken erfordert einige Zungenfertigkeit: man nimmt Wurst und Mostrich auf die Zunge, kaut sie gründlich und spült mit dem ‚Klaren' nach. Ersetzt ein ganzes Abendessen . . .

Nikolaschka

1 Flasche guter Cognac, 1 Tasse Zucker, 2 Zitronen.

Auf jedes Glas Cognac kommt eine Scheibe Zitrone (ohne Schale), die mit Zucker bestreut wird. Zuerst die Zitronenscheibe kauen, dann den Cognac nachtrinken.

Warmbier

1 Flasche dunkles Bier oder Malzbier, 1 Stückchen Zimt oder Vanilleschote, 1/4 Liter süßer Schmand, 3 Eigelb, 1/2 Teel. Kartoffelmehl.

Das Bier mit Gewürz und Zucker nach Geschmack heiß werden lassen, aber nicht kochen. Die Sahne für sich erhitzen. Die Eigelb und das Stärkemehl mit etwas kaltem Wasser anrühren, Sahne und Bier damit mischen und vorsichtig heiß werden lassen, damit das Eigelb nicht gerinnt.

Rußer Milchpunsch

1 Liter Arrak, 1/2 Flasche Rum, 625 g Zucker, 3 1/2 Zitronen, eine große Schote Vanille, 1 Liter Milch.

Den Arrak mit Rum mischen, 1 Liter Wasser abkochen und kalt werden lassen. Die (ungespritzte!) Schale von 2 Zitronen fein würfeln, die Vanilleschote in feine Streifen schneiden. Den Saft aller Zitronen auspressen. Alles mit dem Zucker verrühren und acht Stunden stehen lassen, die Milch aufkochen und heiß dazugeben, weitere zehn Stunden stehen lassen. Das Getränk durch Filterpapier in Flaschen füllen, verkorken und ein Vierteljahr stehen lassen. Der Milchpunsch wird gut gekühlt getrunken. Er geht lieblich ein – aber Vorsicht ist geboten!

Rußer Wasserpunsch

1 Flasche guter Portwein, 1/2 Flasche Cognac oder Weinbrand, 200 g Wasser, 20 g Würfelzucker.

Das Wasser mit dem Würfelzucker unter Rühren auf die Hälfte einkochen lassen, den Cognac dazu geben und erhitzen (nicht kochen!), zum Schluß den Portwein. Der Punsch wird heiß getrunken. Ähnlich wie beim Grog sind manche Leute der Ansicht, Wasser und Zucker könnten ruhig fortbleiben.

Holundersekt

12 große Holunderblüten, 10 Liter Wasser, 1000 g Zucker, 6 Zitronen.

Das Wasser mit dem Zucker in einen Steintopf geben, gut verrühren, Zitronen auspressen, Saft hinzugeben, zum Schluß die blühenden Holunderdolden. Den Topf drei Tage lang zugedeckt an kühlem Ort stehen lassen, das Getränk durch ein Tuch oder durch Filterpapier in Flaschen füllen, deren Korken mit Apotherknoten gesichert werden (es gibt eine stürmische Gärung). Vier Wochen in den Keller stellen. Der herrlich erfrischende ‚Sekt' muß innerhalb von acht Wochen ausgetrunken sein.

Ostpreußische Spezialitäten

Wenn Sie bis heute noch nicht wußten, was Bäbb oder Wiefke, Dampfspirgel, Grue Arfte sind, was Kakalinski, Schaltenosen oder Schedderstroh bedeuten, welches Gericht man mit Ducksel oder Krischel bezeichnete, was sich hinter dem Namen Schmunzelsoße verbirgt – dann lernen Sie all diese Gerichte in dem letzten Kapitel unseres Kochbuches kennen. Da der Ostpreuße ohnehin die Gewohnheit hat, alles, was ihm lieb ist, mit Kosenamen zu belegen oder doch wenigstens mit der Nachsilbe ‚chen' zu versehen, gibt es auch eine lange, lange Reihe von Bezeichnungen für kulinarische Genüsse. Oft meinte man dasselbe, wenn man ein Gericht in den verschiedenen Gegenden unserer Heimat mit Namen bezeichnete, die uns heute oft komisch anmuten.

Aber was sich hinter diesen Bezeichnungen verbirgt, das sind handfeste Genüsse, die mit viel Liebe zubereitet werden wollen, wie etwa das leichte Sommergericht, das den Reigen der Spezialitäten eröffnen soll und dessen Name einen so heimatlichen Klang hat, daß es auch einem weit verbreiteten Bändchen mit ostpreußischen Späßchen als Titel diente: Schmand mit Glumse.

Wenn der Winter mit Eis und Schnee und harten Kältegraden über das weite Land im Osten hereingebrochen war, wenn ein eisiger Nordost durch die Straßen pfiff, dann saß es sich gemütlich in einem der kleinen Flecklokale am Königsberger Hafen, wo der Duft des ostpreußischen Nationalgerichtes, der Königsberger Fleck, bis auf die Straße wehte, wenn einer die Tür öffnete. Und zu einer Zeit, da die meisten Bürger der alten Pregelstadt sich das Federbett noch über die Ohren gezogen hatten, in den frühen Morgenstunden, trafen sich dort die Nachtbummler, die es nach einem

Katerfrühstück gelüstete, mit den Hafenarbeitern, die zur Schicht gingen, bei einem Schalche heißer Fleck mit Majoran und Mostrich, mit einem Tulpche Bier und einem klaren Kornus dazu. Auf dem winterlichen Markt saßen die ‚Fleckwiewerche' mit ihren Koksöfen und den hohen Töpfen mit dem heißen Gericht, das als Magenwärmer sehr begehrt war bei Marktleuten und Passanten. Und wo Ostpreußen heute zusammenkommen in geselliger Runde, da ist ein Schalche Fleck nicht fern, und sei es aus der Dose. Der Duft nach Majoran ist unverkennbar...

Graue Erbsen mit Speck, ‚Grue Arfte' – das ist auch so eins der deftigen heimatlichen Gerichte, die kein echter Ostpreuße vergessen kann. Der Nachfragen nach dieser Spezialität waren so viele, daß ein Importeur die Kapuzinererbsen schließlich aus Holland bezog, um die Geschäfte beliefern zu können, in denen immer wieder Kunden nach den Grauen Erbsen fragten.

Wie könnten wir die ostpreußische Wurst vergessen, mit Majoran delikat gewürzt? Nur einige Beispiele können wir geben aus der langen Reihe von Hausrezepten, aber auch sie haben doch den Geschmack, den wir von Kinderzeiten her schätzen. Und schließlich noch einiges aus Mutters Vorratswirtschaft – das Einmachen wurde nicht nur früher bei uns hoch geschätzt, auch heute noch wird in mehr als der Hälfte der Haushalte im Bundesgebiet noch regelmäßig Eingemachtes in den Keller gebracht, wie Umfragen ergaben.

Den Schluß des Reigens bildet, wie im Titel angekündigt, eine ostpreußische Delikatesse: der Schmandschinken. Wenn wir auch den besonders milden Schinken, wie er in der Heimat dazu genommen wurde, hier nicht kaufen können, so haben wir uns doch zu helfen gewußt. Wir sind davon überzeugt, liebe Leserin dieses Bändchens, daß auch Sie sich zu helfen wissen, wenn Sie gezwungen sind, die allzu fetten Schmandsoßen, die oft reichliche Beigabe von Speck oder Butter etwas einzuschränken, um Kalorien zu sparen. Sie werden die Rezepte zwar etwas abwandeln, aber Sie werden sie nach heimatlicher Art zubereiten und würzen. Und es wird das schönste Lob für Sie sein, wenn Ihre Tischgäste, die sich an diese Spezialitäten noch erinnern, Ihnen nach dem festlichen Mahl versichern: Es hat geschmeckt wie zu Hause.

Zum guten Schluß noch ein Rezept aus dem Königsberger Kochbuch der Juliane Amalie. Flinsen waren damals offenbar sehr geschätzt. Auch der Einfall, sie schichtweise mit Marmelade oder Apfelmus zu einer Torte übereinanderzulegen, stammt also aus alten Zeiten!
Es hat uns viel Freude gemacht, Ihnen, liebe Leserinnen und Leser dieses Bandes, auch ein paar von den alten Rezepten vorlegen zu können, nach denen die Frauen zu Beginn des 19. Jahrhunderts zu kochen, zu braten und zu backen pflegten. Und wir wünschen uns, daß es mit den Rezepten dieses ostpreußischen Kochbuches unserer Tage ebenso sein möge: Vielleicht entdeckt es in ferner Zukunft, im Jahre 2137 oder später, einmal ein Verleger an einem Bücherstand – wie es hier geschah – und setzt sich in den Kopf, das eine oder andere dieser Rezepte der Mitwelt zu übermitteln, die vielleicht nur noch vorprogrammierte Mahlzeiten aus dem Automaten kennt – wer weiß?

etwa Insekten im Blütenkelche sitzen bleiben, faßt die Blüthe am Stängel, taucht sie in den Teig und legt sie schnell in geschmolzene Butter oder Schmalz, worin man sie gar backen läßt; man läßt sie gern ein wenig hart backen, und wer nicht Liebhaber von Fett ist, legt sie auf Löschpapier, damit das Fett ein wenig abziehe, und sie werden nachher mit Zucker bestreut.

67. Pflinzen mit Obstmus.

Man nimmt Pflaumen- oder Kirschkreide; versüßt sie und fügt auch noch etwas gestoßenen Zimmet dazu; oder man kocht frische Aepfel recht dick und schlägt sie durch, schüttet etwas fein gestoßenen Zimmet, klein geschnittene Citronenschalen, aufgequellte Rosinen und Zucker dazu, schüttet etwas von dem Obstmus in jede Pflinze und rollt sie zusammen. Oder man breitet die Pflinze ganz auf einer Schüssel aus und bestreicht sie mit Obstmus, legt alsdenn wieder eine Pflinze darauf, dann wieder Obstmus und fährt damit fort, bis die Pflinzen die Gestalt eines Kuchen haben, bestreut die oberste Pflinze mit Zucker und zerschneidet sie beim Vorlegen wie einen Kuchen.

68. Brei aus feiner Grütze.

Die Grütze wird in Milch unter beständigem Rühren recht dick, wie ein Brei gekocht und alsdenn geschmolzene Butter dazu ge-

Ostpreußische Spezialitäten

Schmand mit Glumse

500 g Speisequark, 1/2 Liter saure Sahne, 1/2 Liter Buttermilch oder 3 Joghurt, Kümmel.

Die Glumse wird sahnig gerührt und in einer Schüssel aufgetragen. Jeder Tischgast füllt sich von dieser Glumse eine Portion in den Suppenteller, gießt darauf die Sahne (die wir der Kalorien wegen mit Buttermilch oder Joghurt verquirlt haben) darüber und streut sich Salz und Kümmel nach Geschmack auf das Gericht. Grobes, dunkles Vollkornbrot paßt am besten dazu, aber auch neue Kartoffeln, als Pellkartoffeln gereicht.

Masurische Dampfspirgel

600 g frisches Schweinefleisch (Bauch oder Nacken), 6 Zwiebeln, 3 Pimentkörner, 1 Lorbeerblatt, 2 Eßl. Majoran.

Das Fleisch in Würfel schneiden, in ganz wenig Schmalz in der Pfanne anbraten, bis es von allen Seiten gebräunt ist. Dann die gewürfelten Zwiebeln dazugeben und die Gewürze, auf kleinem Feuer weich dämpfen, nach Bedarf 1/2 bis 1 Tasse Brühe dazugeben; das Gericht soll aber ‚kurz', das heißt sämig, bleiben. Mit Schwarzbrot oder Salzkartoffeln und sauren Gurken oder eingelegten Beeten reichen.

Schedderstroh

500 g geräuchertes oder frisches Bauchfleisch vom Schwein, 500 g Kartoffeln, 750 g Sauerkohl, zwei Zwiebeln, Pfeffer, Prise Zucker.

Kartoffeln schälen und in dicke Scheiben schneiden, Sauerkohl mit 2 Gabeln zerteilen, Fleisch oder Speck in Scheiben schneiden. In den Kochtopf eine Lage Kartoffelscheiben schichten, mit Zwiebelwürfeln bestreuen, pfeffern, darauf Sauerkohl, mit etwas Zucker gewürzt, darauf Fleisch und so fort. Mit 1/2 Liter Brühe auffüllen und auf mildem Feuer gar werden lassen, ohne umzurühren. Dieses ‚Schüttelstroh' ist ein nahrhafter Eintopf für kalte Wintertage.

Königsberger Fleck

1000 g roher Pansen (Magen vom Mastrind), 500 g Markknochen, 3 Knollen Sellerie, 1 Petersilienwurzel, 2 Zwiebeln, 1 Mohrrübe, 5 Gewürz-, 10 Pfefferkörner, 1 Lorbeerblatt, Majoran.

Den Rindermagen beim Fleischer bestellen und dort säubern lassen. In große Stücke schneiden, mit den Knochen in einen großen Topf geben und eben mit Wasser bedecken, leicht salzen. Bei milder Hitze etwa 3½ Stunden kochen lassen. Das kleingeschnittene Gemüse und die Gewürze – außer dem Majoran – hinzufügen, noch 30 Minuten kochen. Ein Stück Fleck probieren, evtl. noch weitere 30 Minuten kochen lassen. Fleck herausnehmen, in kleine Würfel oder Streifen schneiden, ebenso die Gemüse. Fleck sollte immer am Vortag zubereitet werden, damit er richtig durchzieht. Das Gericht wird sehr heiß zu Tisch gegeben. Auf dem Tisch stehen ein Töpfchen Mostrich (Senf), ein Fläschchen Essig, Salz, Pfeffer, viel geriebener Majoran. Jeder Tischgast nimmt sich davon nach Belieben. Dazu knusprige Brötchen, Bier und Korn.

Blutwurst

1000 g Schweinebauch, 1 Liter Schweineblut, 4 Teel. Gewürzkörner gemahlen, 1 Eßl. Majoran, 2 Teel. Nelkenpfeffer, 2 Teel. Pfeffer, 100 g Salz.

Das Schweinefleisch mit Wasser bedecken und gar kochen, würfeln. ½ Liter von der Brühe mit allen anderen Zutaten gut mischen, in dicke, krause Därme oder Einweckgläser füllen und 30 Minuten kochen. Wenn die Würste gar sind, darf beim Hineinstechen keine rote Flüssigkeit mehr austreten. Mit kaltem Wasser abspülen, nach Wunsch beim Fleischer leicht räuchern lassen.

Grue Arfte

500 g Graue Erbsen (Kapuzinererbsen), 125 g durchwachsener Speck, 2 Eßl. Butter, 2 Eßl. Mehl, 1 Zwiebel, 1 Prise Zucker oder 1 Eßl. Sirup, 1 Eßl. Essig, Pfeffer.

Die Grauen Erbsen über Nacht einweichen, in dem Einweichwasser 20 Minuten kochen lassen. Wasser abgießen, Erbsen mit frischem, heißem Wasser bedecken, auf mildem Feuer gar werden, auf einem Sieb abtropfen lassen, leicht salzen. Speck und Zwiebel mit etwas Butter leicht bräunen, herausfischen, mit dem Mehl eine bräunliche Mehlschwitze bereiten, mit Brühe auffüllen und 10 Minuten leise sieden lassen. Mit den Gewürzen kräftig süß-sauer abschmecken, über die Erbsen geben, Speckspirgel darauf, mit Salzkartoffeln reichen. Auf die gleiche Weise können wir auch Linsen oder weiße Bohnen zubereiten. Feinschmecker geben in die braune Tunke noch einen kleingeschnittenen halben Fetthering.

Ostpreußische Landleberwurst

2000 g Schweineleber, 2000 g Bauchfleisch, 500 g Zwiebeln, 3 Eßl. Majoran, 4 Teel. Gewürzkörner gemahlen, 2 Teel. Pfeffer, Prise Nelkenpfeffer, 250 g Salz, 375 g Räucherspeck.

Die Leber in faustgroße Stücke schneiden, mit der Brühe, in der das Bauchfleisch gekocht wurde, überbrühen, so daß sie außen weiß, innen noch braun ist. Zwiebeln in wenig Brühe 60 Minuten leise dünsten lassen, durch ein Sieb streichen. Leber und Bauchfleisch dreimal durch die Maschine drehen, Zwiebelmus und feingeschnittene Speckwürfel dazugeben, die Masse mit Gewürzen mischen. Füllt man die Masse in Därme, dann muß sie stark salzig sein. (Normal würzen, wenn die Wurst in Gläser gefüllt werden soll.) Die Würste im Darm ziemlich fest stopfen, in leicht gesalzenem Wasser 30 Minuten leise sieden lassen, zum Abkühlen in Salzwasser legen, in dem Eisstückchen schwimmen. Man kann die Würste beim Fleischer leicht überräuchern lassen, sonst muß man sie schnell verbrauchen.

Wurstsuppe

400 g hausgemachte oder fertig gekaufte ungeräucherte Blut-, Leber- und Grützwurst, 1 Liter Brühe, 2 Eßl. Majoran.

In der Brühe von Wellfleisch oder vom Wurstkochen die aufgeschnittenen Würste heiß werden lassen, würzen, mit Salzkartoffeln zu Tisch geben.

Grützwurst

250 g grobe Gerstengrütze, 125 g frisches Bauchfleisch, 1/8 Liter Schweineblut, 1/2 Teel. Gewürzkörner gemahlen, 1 Eßl. Majoran, 1/2 Teel. Pfeffer, Brühe.

Das Bauchfleisch in leichtem Salzwasser gar kochen. Die Grütze waschen, in kaltem Wasser unter ständigem Rühren aufkochen, bei schwacher Hitze ausquellen lassen. Das Fleisch würfeln, mit der Grütze mischen, das Blut durch ein Sieb hineingeben, dann die Gewürze. Vorsichtig auf milder Hitze unter Rühren heiß werden lassen, in die Därme füllen und etwa 30 Minuten leise kochen lassen. Mit Schmalz und Zwiebeln ausbraten oder in die Wurstsuppe geben.

Schaltenosen

500 g Mehl, 4 Eier, 350 g Glumse (Quark), 3 Eigelb, 1 Zitrone, 100 g Sultaninen, 2 Eßl. Butter, 125 g Zucker, 1 Prise Safran.

Die 4 Eier mit 2 Eßl. Wasser verschlagen, leicht salzen, mit dem Mehl zu einem festen, aber geschmeidigen Nudelteig verarbeiten. Quark und Butter sahnig rühren, die Eigelb und den Zucker dazu, ebenso Safran und die eingeweichten Sultaninen, mit Zitronensaft würzen. Den Nudelteig dünn ausrollen, etwa 12 cm große Quadrate ausradeln, in deren Mitte je einen gehäuften Eßl. Quarkcreme geben, die vier Ecken der Teigstücke so zusammenlegen oder drehen, daß eine geschlossene Tasche entsteht. In einem breiten Topf leicht gesalzenes Wasser zum Kochen bringen, Teigtaschen hineingeben (nur so viele, daß sie sich nicht berühren) und bei milder Hitze gar werden lassen. Sie werden, mit Zucker und Zimt bestreut und mit brauner Butter übergossen, heiß gegessen, oft gab es eine Obstsuppe dazu.

Bäbb oder Wiefke

1000 g Kartoffeln, 125 g Mehl, 2 gr. Zwiebeln, Pfeffer, 2 Eßl. Majoran, 200 g durchwachsener Speck, 50 g Schmalz.

Die Kartoffeln schälen, reiben, etwas Kartoffelwasser abschöpfen, Zwiebeln reiben. Kartoffeln mit Zwiebeln, Mehl und Gewürzen mischen. Man kann auch 2 Eier hineingeben. Backblech mit Schmalz bestreichen, den Kartoffelteig darauf verteilen und mit dünnen Speckscheiben belegen. Im vorgeheizten Ofen bei mittlerer Hitze etwa 60 Minuten backen. Noch heiß in Stücke schneiden und sofort zu Tisch geben. Etwas Saures schmeckt gut dazu. Das Gericht war auch unter dem Namen ‚Kakalinski' bekannt.

Schmunzelsoße

100 g durchwachsener Räucherspeck, 2 Eßl. Mehl, 1 Teel. Zukker oder 1 Eßl. Sirup, 1 Zwiebel, 2 Eßl. Essig, Pfeffer.

Den Speck würfeln und goldgelb ausbraten, Zwiebelwürfel dazugeben und leicht anbraten, dann das Mehl darin braun rösten und mit etwa 2 Tassen Brühe auffüllen. Mit den Gewürzen kräftig süß-sauer abschmecken, evtl. mit Majoran würzen. Zu weichgekochten oder Verlorenen Eiern, zu Pellkartoffeln und sauren Gurken. Wurden in diese Soße Scheiben von gekochten Kartoffeln geschnitten, dann hieß das Gericht ‚Schmunzelkartoffeln'. Die Soße wurde auch Schmunzelsoße, Krischol, Duck sel oder Schustertunke genannt. Sie war in ganz Ostpreußen beliebt und auch in Notzeiten eine preiswerte, sättigende Zugabe zu den Pellkartoffeln.

Schusterpastete

1000 g Pellkartoffeln, 250 g Fleischreste, 2 Heringsfilets, 1 Zwiebel, 3/8 l saurer Schmand, 3 Eßl. Butter, Reibbrot zum Bestreuen.

Die Pellkartoffeln nicht ganz weich kochen, abziehen, in dicke Scheiben schneiden. Die Reste von gekochtem oder gebratenem Fleisch würfeln, ebenso die Zwiebel und den Hering. Eine feuerfeste Form mit Butter ausstreichen, eine Schicht Kartoffelscheiben einfüllen, darauf eine Schicht Fleischwürfel, wieder Kartoffeln, dann Herings- und Zwiebelwürfel, oben mit Kartoffelscheiben abdecken. Mit der sauren Sahne übergießen und mit Reibbrot (evtl. noch mit geriebenem Käse) bestreuen und mit Butterflöckchen besetzen. Etwa 30 Minuten im heißen Ofen backen, bis sich eine schöne braune Kruste gebildet hat. Dazu paßt am besten ein gemischter Salat. – Die Schusterpastete kann auch mit Bratkartoffeln und Resten von Braten mit Soße, Kohl oder anderem Gemüse zubereitet werden.

Sauerkohl-Auflauf

750 g Pellkartoffeln, 500 g Sauerkraut, 3 Eßl. Schmalz, 1 säuerlicher Apfel, Prise Zucker, 250 g Pökelfleisch oder Schinken, 1/8 l saurer Schmand, 50 g Räucherspeck, Reibbrot und geriebener Käse zum Bestreuen, 1 Eßlöffel Butter.

Kartoffeln nicht ganz weich kochen, abpellen, in Scheiben schneiden. Sauerkraut mit Schmalz, gewürfeltem Fleisch oder Schinken, dem geschälten, geschnittenen Apfel und der Prise Zucker kurz durchschmoren. Eine feuerfeste Form mit Butter ausstreichen, eine Schicht Kartoffelscheiben einlegen, darüber das Sauerkraut verteilen, mit Kartoffelscheiben bedecken. Saure Sahne übergießen, mit Reibbrot und etwas geriebenem Käse bestreuen, mit einigen Butterflöckchen besetzen und im heißen Ofen in etwa 45 Minuten überbacken.

Birnen mit Kartoffeln

500 g Kochbirnen, 2 saure Äpfel, Schale 1/2 Zitrone, Zucker nach Geschmack, 750 g Kartoffeln, 125 g durchwachsener Räucherspeck, 2 Eßl. Butter.

Die Birnen schälen, halbieren, Kerngehäuse ausstechen, Äpfel ebenso vorbereiten. Mit Zitronenschale und Zucker nach Geschmack in einer Tasse Wasser oder halb Wasser, halb Apfelwein gar dünsten. Inzwischen haben wir die Kartoffeln geschält und gekocht, den Speck in dünne Scheiben geschnitten und in der Butter ausgebraten. Jeder Tischgast gibt sich Salzkartoffeln auf den Teller, von dem Birnenmus dazu; zum Schluß kommen Speckscheiben und braune Butter über das einfache, aber schmackhafte Gericht.

Holundergelee

1000 g Holunderbeeren, 2000 g Falläpfel, 3 wilde Quitten, 1 Stück Stangenzimt, 4 bittere Mandeln, Zucker, Zitronensäure.

Die Beeren abspülen, mit der Gabel abstreifen, verlesen. Saure Falläpfel und Quitten (so man hat) in 1 cm breite Scheiben schneiden, alles im Topf gerade mit Wasser bedecken und so lange kochen, bis die Apfelscheiben weich sind. Zwei Stunden im zugedeckten Topf stehen lassen, in den Seihbeutel schütten, etwas drücken, damit aller Saft abläuft. Am nächsten Tag den Saft mit den Gewürzen bis auf 2/3 einkochen. Auf 1/2 Liter Saft rechnen wir 500 g Zucker und 6 bis 8 g Zitronensäure. Den Saft erst dann vom Feuer nehmen, wenn die Geleeprobe gelingt. In Geleegläser füllen, mit Tuch abdecken, nach Erkalten Gelee mit einem in Rum getauchten Cellophanscheibchen abdecken und mit Cellophan verschließen.

Hagebuttenhonig

3 Liter Hagebutten, 3 Liter Wasser, 750 g Zucker.

Die Hagebutten von Blüten und Stielen befreien, aber nicht entkernen. In dem Wasser 30 Minuten kochen. Durch einen Beutel abseihen. Den Saft mit dem Zukker auf Honigdicke einkochen, heiß in Geleegläser füllen und mit Einmachcellophan verschließen. Eine bernsteingelbe Köstlichkeit!

Preiselbeeren mit Birnen

750 g Preiselbeeren, 750 g Kochbirnen, 250 g Zucker.

Den Zucker mit 1/2 Tasse Wasser aufkochen, die geschälten, vom Kernhaus befreiten, kleingeschnittenen Birnen hineingeben und weich kochen. Dann erst die verlesenen, gewaschenen Preiselbeeren dazugeben. Vom Aufwallen ab 5 Minuten kochen lassen, in einen Steintopf oder in Geleegläser füllen, mit Cellophan verschließen. Auch mit säuerlichen Äpfeln schmeckt das Kompott gut.

Quittenbrot

1000 g Apfelquitten, 500 g Zukker, 1 Zitrone.

Die Quitten waschen, in Stücke schneiden, mit wenig Wasser weich kochen und durch ein Sieb geben. Den Brei mit dem Zucker und dem Zitronensaft kochen, bis er breit vom Löffel fällt (er darf nicht mehr abfließen). Auf einer abgespülten Porzellanplatte ausstreichen, zum Trocknen an einen warmen Ort stellen. Einmal wenden. Wenn sich die Masse gut schneiden läßt, entweder mit Backformen ausstechen oder kleine Rechtecke ausradeln. In Zucker wenden, in einer gut verschlossenen Dose aufbewahren. – Aus dem abgelaufenen Saft Gelee kochen.

Rumtopf

Früchte der Jahreszeit, Zucker, Rum.

Für diese Spezialität gilt: nur beste Zutaten nehmen! Die Früchte sollten ganz frisch und ohne Druckstellen sein, der Rum hochprozentig. Wir säubern einen Steintopf gründlich und beginnen mit den Erdbeeren: 500 g Erdbeeren gründlich waschen, Stiele abzupfen, Früchte mit Küchenpapier trocknen und in den Topf geben, mit 250 g Zucker bestreuen, eine Flasche Rum darübergießen, vorsichtig umrühren, Topf zudekken, kühl stellen. Im Laufe der Jahreszeit kommen jeweils in gleicher Menge, jeweils mit der Hälfte ihres Gewichts an Zucker bestreut und nach Bedarf mit Rum übergossen. die anderen Früchte hinzu, die entweder ganz oder zerteilt ebenso vorbereitet werden: Sauerkirschen, Himbeeren, Pfirsiche, Aprikosen, Mirabellen, Pflaumen, Brombeeren, grüne Walnüsse (die mit einer Stricknadel von allen Seiten durchstochen werden), später frische Walnußhälften, auch Ananasstücke. Jedesmal auf 500 g Früchte 250 g Zucker und den nötigen Rum. Den Topf immer mit Cellophan verschließen und dann an einem dunklen, kühlen Ort bis Weihnachten stehen lassen. Sollte der Inhalt gären – was nicht vorkommen sollte! – kann man mit 1/4 Liter reinem Weinsprit nachhelfen. Bei uns zu Hause reichte der Inhalt von Weihnachten bis Ostern, die Rumfrüchte wurden mit flüssigem Schmand oder Schlagsahne oder mit Vanillepudding oder Vanilleeis gegessen, der flüssige Rest als köstlicher Fruchtlikör geschätzt.

Essiggurken

2500 g kleine Einlegegurken, 100 g Salz, 150 g Perlzwiebeln, 2 Zehen Knoblauch, Estragon, Dill, 5 Gewürzkörner, 3 Lorbeerblätter, 30 g Meerrettich, 4 Nelken, 3 getrocknete Paprikaschoten, 10 Pfefferkörner, 2 Eßl. Senfkörner, 1/2 Liter Weinessig, 250 g Zucker, 3 St. Dillsamen.

Die Gurken waschen, gründlich bürsten, mit Salzwasser (300 g auf 1 Liter) bedecken, nachtüber stehen lassen. Gut abspülen und in einen Steintopf schichten, abwechselnd mit den abgezogenen Perlzwiebelchen, den Meerrettichwürfeln, Knoblauchstückchen, den gewaschenen Kräutern und Gewürzen. Den Weinessig mit 3/4 Liter Wasser und dem Zucker aufkochen, Einmachhilfe unterrühren und soviel von der heißen Flüssigkeit über die Gurken geben, daß sie gut bedeckt sind. Topf mit Cellophan verschließen. Wir können die Gurken auch in Einmachgläser schichten und 30 Minuten bei 75 Grad sterilisieren.

Eingemachter Kürbis

1000 g Kürbiswürfel, 500 g Zucker, 1/4 Liter Essig, 1 Eßl. Ingwerstücke, 1 St. Stangenzimt, zehn Nelken.

Kürbiswürfel über Nacht in Essigwasser legen, abtropfen lassen. Essig mit Zucker und 1/4 Liter Wasser aufkochen, die Gewürze hineingeben und die Kürbiswürfel in der Lösung kochen, bis sie glasig werden; sie dürfen nicht zerfallen. Kürbis und Gewürze herausnehmen, Saft einkochen, bis er dicklich geworden ist, heiß über die Kürbisstücke gießen, die wir in einen Steintopf oder in Gläser gefüllt haben.

Streifengurken

2500 g kleine Einlegegurken, 25 g Pfefferkörner, 25 g Senfkörner, 125 g Perlzwiebeln, 1/2 St. Meerrettich, Dill, Estragon, knapp 1/2 Liter Weinessig, 200 g Zucker, 1/2 P. Einmachhilfe.

Die Gurken waschen, über Nacht in Salzwasser (300 g auf 1 Liter) legen, gründlich bürsten, in Streifen schneiden, die senkrecht in die Gläser geschichtet werden, zusammen mit Zwiebelchen, Meerrettichstückchen, Kräutern und Gewürzen. Den Essig mit Zucker und 1 Liter Wasser mischen, aufkochen, heiß über die Gurken geben, nach 24 Stunden noch einmal aufkochen, heiß über die Gurken geben, noch einmal wiederholen. Beim letzten Mal die Essiglösung mit Einmachhilfe vermischen, erkaltet über die Gurken geben und Gläser mit Cellophan verschließen.

Ermländische Schinkenpastete

250 g gekochter Schinken in Scheiben, 250 g Kalbfleisch aus der Keule, 125 g fettes Schweinefleisch, 1 Brötchen, in 1 Glas Weißwein aufgeweicht, 1 Ei, 1 Eigelb, 1 Fl. Weißbier, 100 g Champignons, 10 Perlzwiebeln, 3 Gewürzkörner, 2 Gewürznelken, Pfeffer, Muskat.

Das Schweinefleisch in Würfel schneiden, leicht salzen und pfeffern, mit Weißbier bedecken, mit den geschnittenen Zwiebeln und Champignons 40 Minuten leise dünsten lassen, dann das gewürfelte Kalbfleisch dazugeben und noch weitere 50 Minuten auf kleinem Feuer weiterkochen. Die Brühe muß sämig und kräftig sein. Fleisch mit Zwiebeln und Pilzen durch den Fleischwolf geben, Brühe mit Ei und Eigelb verquirlen, das Brötchen und das durchgedrehte Fleisch dazugeben, kräftig abschmecken. Eine Pasteten- oder Tortenform mit Alufolie auslegen, eine fingerdicke Schicht von der Fleischmasse einfüllen, darüber eine Schicht Schinkenscheiben und so fort, bis alles verbraucht ist. Mit Folie abdecken und eine Stunde bei Mittelhitze im Ofen backen. Halb abgekühlt stürzen, kalt mit Toast und Butter reichen.

Hammel-Kümmelfleisch

750 g Hammelkeule, Nacken oder Kotelettstück, 3 Zwiebeln, 2 Teelöffel schwarzen Kümmel, 1 Eßl. Kartoffelmehl, Mostrich.

Das Hammelfleisch in dicke Scheiben schneiden, die wir dünn mit Mostrich bestreichen und beiseite stellen. Knochen, Sehnen und Fleischabfälle in Wasser auskochen, durchgießen. In diese kochende Brühe die abgespülten Fleischscheiben und die grob gewürfelten Zwiebeln geben, salzen, nach 30 Minuten Kochzeit den Kümmel hinzufügen und weitere 20 Minuten leise kochen lassen. Die Soße mit dem angerührten Stärkemehl binden und gut abschmecken. Dazu passen Salzkartoffeln und junger, geschmorter Kohl, aber auch Kartoffelbrei und süß-saure Gurken.

Dieses Gericht schmeckt auch herrlich, wenn es mit Schweinefleisch zubereitet wird.

Sülze

2 Schweineohren, 500 g Bauchfleisch vom Schwein, 1 Eisbein (oder 1 Kalbshaxe), 1 Portion Suppengemüse, 3 Zwiebeln, 1 Lorbeerblatt, 5 Gewürzkörner.

Schweineohren säubern und mit kochendem Wasser überbrühen, das wir fortschütten. Die Ohren und das Eisbein mit kaltem Wasser bedecken, salzen, nach dem Aufkochen die Gewürze und das Gemüse dazugeben, nach 30 Minuten Kochzeit das Bauchfleisch. Nach weiteren 30 Minuten das Fleisch herausnehmen und in kleine Würfel schneiden. Brühe erkalten lassen, sorgfältig entfetten. Wieder aufkochen, mit Salz, Pfeffer und Essig sehr herzhaft abschmecken, mit weißer Blattgelatine oder Gelierpulver mischen und kühl stellen. Beginnt die Brühe zu gelieren, Schüsseln mit etwas Brühe ausgießen, erstarren lassen, mit Ei- und Gurkenscheibchen oder Essiggemüse auslegen, Fleisch auffüllen und vorsichtig Brühe darübergießen, bis das Fleisch bedeckt ist.

Burgunderschinken

1 kleiner Schweineschinken, 30 g Zucker, 2 Zwiebeln, 1 Bündchen Suppengrün, 2 Nelken, 1 Eßl. Majoran, 1 Eßl. Thymian, Zitrone, Burgunder.

Dieses Festgericht können wir nur auftragen, wenn genügend Tischgäste da sind. Vom Fleischer lassen wir uns einen kleinen Schinken milde pökeln oder spritzen. Er wird zur Hälfte mit Wasser bedeckt und mit den Zwiebeln etwa 75 Minuten gekocht. Nach dem Erkalten die Schwarte abziehen, einen Teil des Fettes entfernen. Schinken in etwas Schmalz in die Bratpfanne legen, mit dem Zucker bestreuen, leicht von allen Seiten anbraten. Dann 1/4 Flasche Wein hinzugießen, das geschnittene Suppengrün, eine dicke Scheibe Zitrone und die Gewürze dazugeben, im vorgeheizten Backofen in etwa 75 Minuten gar schmoren. Die Soße durchgießen, mit Kartoffelmehl andicken und mit Rotwein und Gewürzen abschmecken. Dazu gibt es Kartoffelbrei und Gemüse. Rosenkohl paßt gut dazu, aber auch Schmorkohl, Makkaroni.

Hammelrücken mit Schmand

1500 g Hammelrücken, 3/4 Liter Buttermilch, 125 g Räucherspeck, 4 Wacholderbeeren, 4 Pfefferkörner, 1/2 Lorbeerblatt, 1 Zwiebel, 2 Eßl. Butter, 1/8 Liter saure Sahne, 1 P. getrocknete Steinpilze (oder Mousserons).

Das Fleisch häuten, hervorstehende Knochen abhacken, zur Brühe auskochen. Fleisch 3 Tage in Buttermilch legen, öfter wenden. Abtrocknen, in der Bratpfanne mit der heißen Butter begießen, mit Speckscheiben belegen, mit Gewürzen und Zwiebel umlegen, in den heißen Ofen schieben, gelegentlich etwas Brühe angießen, etwa 45 Minuten braten lassen, gegen Schluß die saure Sahne übergießen, die eingeweichten Pilze hineinlegen. Braten noch 5 Minuten im abgestellten Ofen ruhen lassen, Soße würzig abschmecken, evtl. mit etwas Stärkemehl binden, mit Rotwein und einer Prise Zucker verfeinern. Dazu Salzkartoffeln oder Kartoffelbrei, beliebiges Gemüse, Preiselbeeren. Sehr heiß zu Tisch geben.

Schmandschinken

1000 g Kasseler Rippespeer, 2 Eßl. Butter, 1 Teel. Kartoffelmehl, 1/8 Liter saurer Schmand, Pfeffer, Paprika edelsüß.

Die Knochen am besten beim Fleischer herauslösen und zerkleinern lassen, mit wenig Wasser auskochen. Das Fleisch in etwa 1 cm dicke Scheiben schneiden, in der Butter leicht anbräunen. Die saure Sahne löffelweise dazugeben und alles kurz durchkochen. Fleisch herausnehmen, warm stellen. Soße mit etwas Brühe mischen, mit angerührtem Kartoffelmehl sämig machen und mit den Gewürzen kräftig abschmecken. Die Fleischstücke wieder hineingeben. Dazu passen mehlige Salzkartoffeln und Schmandsalat oder Gurkensalat. – Zu Hause nahmen wir Scheiben von mildem, leicht geräuchertem Schinken für dieses Gericht, die für drei Stunden in Milch gelegt wurden. Der Schinken, wie er hier im Westen angeboten wird, eignet sich nicht dafür, weil er beim Braten schnell hart wird.

Anhang

Nährwertgehalt wichtiger Nahrungsmittel

Der genießbare Teil von 100 g eingekaufter Ware enthält:

	Eiweiß g	Fett g	Kohlen-hydrate g	Kalorien kcal
Rindfleisch (mittelfett)	15	18	—	238
Schweinefleisch (mittelfett)	18	21	—	269
Fisch mager (Rotbarsch)	10	2	—	61
Hühnerei	11	10	1	147
Trinkmilch	3	3	5	61
Hartkäse (45 % Fett i. T.)	32	30	2	415
Butter	1	81	1	755
Margarine	1	78	—	733
Mischbrot	7	1	52	252
Brötchen	7	1	58	278
Reis (poliert)	7	1	79	368
Haferflocken	14	7	66	402
Zucker	—	—	100	394
Kartoffeln (mit Schalen)	2	—	15	68
Erbsen (geschält)	22	1	59	359
Grünkohl	2	1	3	23
Tomaten	1	—	3	18
Möhren	1	—	6	29
Äpfel	0,3	—	11	48
Apfelsinen	0,7	—	7	39

Die richtige Backhitze

		Elektroherd		Gasherd
Leichte Hitze	125–150 ° C	U_2	O_1	perlgroß
Schwache Mittelhitze	150–175 ° C	U_3	O_1	erbsengroß
Gute Mittelhitze	175–200 ° C	U_3	O_2	bohnengroß
Starke Hitze	200–250 ° C	U_3	U_3	groß

Kräuter und Gewürze in der ostpreußischen Küche

Anis

Süßliches, aromatisches Gewürz, vor allem für Weihnachtsbäckerei und Plätzchen, aber auch zum Würzen von Süßspeisen und Fruchtsalat.

Basilikum

Frisch und getrocknet, scharf-aromatisch, zu Salaten, Eintöpfen, Ragouts und fetten Braten.

Beifuß

Auch wilder Wermut genannt, würzig-bitter im Geschmack, frisch und getrocknet für fette Gerichte, Schmalz, Kohl, Eintöpfe, Fleischsalat, Kartoffelsalat.

Bohnenkraut

Als Pfefferkraut bekannt, für alle Bohnengerichte, Hülsenfrüchte, Fisch, Fleischsalat, Kartoffelsalat, Ragout, eingelegte Gurken.

Borretsch

Wird auch Gurkenkraut genannt. Frisch für Gurkensalat und alle Gurkengerichte, ebenso für Essiggurken, Kartoffelsalat, Remouladensoße, Kräuterbutter, als Beigabe zu Quark.

Brennessel

Die zarten jungen Blätter eignen sich feingehackt als Zugabe zu frischen Salaten, Kräutersoße, Remoulade, Quark.

Dill

Für alle frischen Salate, Kräutersoße, Remoulade, junges Gemüse, gebundene Suppen, Quark. Fruchtdolden zum Einlegen aller Essigfrüchte.

Estragon

Frisch und getrocknet für Kräuteressig, Ragouts, Eiergerichte, Geflügel, Kräutersoße und Remoulade, Marinade, Rohkost, Salate, zum Einlegen in Essig.

Gewürznelken

Bei uns auch Kreidnelken genannt. Zu vielen Fleischgerichten, Wild, Kohl, zu den ostpreußischen Biersoßen, zu vielen süß-sauer abgeschmeckten Gerichten, zum Kompott, zum Einlegen, zu Punsch und Glühwein.

Kapern

Für Königsberger Klops, Remoulade, viele Salate, Frikassee, Fischgerichte, Tatar, hartgekochte Eier und zum Garnieren kalter Platten.

Kardamom

Für die Weihnachtsbäckerei, zu Striezel, Süßspeisen und vielen Fleischgerichten, auch zur Wurstherstellung. Der Duft gehört zur ostpreußischen Küche!

Kerbel

Frisch für Kräutersoßen, Kräutersuppen, Salate, Quark, hartgekochte Eier, Kartoffelsuppe, Fischgerichte, Geflügel.

Kümmel

Ein magenfreundliches Gewürz, das schwere Speisen verdaulich macht. Gut zu Kohl, Kartoffelgerichten, fetten Braten, Roter Beete, Eintöpfen, Salzgebäck.

Liebstöckel

Auch Maggikraut genannt. Das frische Kraut sparsam verwenden, da Würzkraft stark! Für Eintöpfe, dunkle Fleischsoßen, Fischsuppe, Kräuterbutter, Marinade, Salate.

Majoran

Eins der Lieblingskinder der ostpreußischen Küche (Mairan), unentbehrlich für Königsberger Fleck, aber auch für Erbsensuppe und Leberwurst. Außerdem für Schmalz, fette Braten, zu grünen Bohnen, Wruken, gemischten Salaten und Pasteten.

Petersilie

Feingehackt oder als Sträußchen zu so vielen Gerichten, daß wir sie nicht alle aufzählen wollen. Petersilienwurzel gehört bei uns immer zum Suppengrün.

Pfeffer

Die Verwendung ist allgemein bekannt, am besten ist Pfeffer, wenn er frisch gemahlen aus der Pfeffermühle an oder über die Speisen kommt, weißer zu feinen und hellen Gerichten, dunkler zu dunklen. Die ganzen Körner zum Marinieren und Einlegen, für Eintöpfe und Kohl, zu vielen dunklen Soßen.

Safran

... macht den Kuchen gel, heißt es in dem alten Kinderlied. Safran ist das teuerste Gewürz der Welt. In winzigen Mengen zu Backwerk und Likör, für Fleischbrühe, Reisgerichte, Hammelfleisch und manche Fische, auch für Süßspeisen.

Salbei

Getrocknet schärfer als frisch, immer nur wenig nehmen! Zum Einlegen von Gurken, für gebratenes Fleisch und Fisch, zu kurzgebratenen Steaks, Hackfleisch und Wild.

Sauerampfer

Für uns nicht nur Würzkraut, sondern Bestandteil eines der beliebtesten Frühlings- und Sommergerichte: Sauerampfersuppe. Die frischen Blätter passen aber auch zu vielen Salaten, zu Kräutersuppen und Soßen.

Schnittlauch

Paßt zu allen Gerichten, zu denen auch Zwiebeln genommen werden, ferner zu Rührei, Bauernfrühstück, Salaten, hellen warmen und kalten Soßen, Quark und Kräuterbutter. Wichtiger Vitaminspender im Winter (Topf auf dem Fensterbrett).

Thymian

Wie Majoran für alle fetten Braten, er macht sie leichter verdaulich. Außerdem für Wurst, Fische, Eintöpfe, Wildgerichte, Ragouts, Hülsenfrüchte, Kartoffelsalat und zu Quark.

Vanille

Für viele süße Speisen, Kuchen, Kompott, Speiseeis, süße Soßen und Milchsuppen.

Wacholder

Als ‚Kaddigbeeren' sehr beliebt in der ostpreußischen Küche. Zu Sauerkohl, Wruken, Schmorkohl, für Wildgerichte und Marinaden, zu Ragout, dunklen Bratensoßen, Sauerbraten, Kochfisch.

Zitronenmelisse

Der würzige Zitronengeschmack ist für viele Salate gut, aber auch für Wild und Geflügel, Kräutersoßen und Suppen, Pilze, Fisch, Remoulade, Quark.

Zimt

Eines der ältesten Gewürze, gemahlen oder in Stangen für alle süßen Speisen, für Gebäck, Marmelade, für Glühwein und Punsch. Sehr begehrt in der ostpreußischen Küche sind die Zimtwaffeln.

*

Diese Liste erhebt keinen Anspruch auf Vollständigkeit. Wir waren bemüht, die Kräuter und Gewürze aufzuführen, die in der ostpreußischen Küche eine besondere Rolle spielen.

Stichwortverzeichnis

ihn gar.

2. Butterfladen mit Zimmet.

Ganz wie der vorige, außer wenn der Fladen geformt ist, so läßt man ein wenig Butter am Feuer zergehen, streut recht viel Zimmet und etwas Zucker darunter und bestreicht damit oben den Fladen.

3. Glumstfladen.

Ganz wie der vorige, außer daß man rund um den Fladen einen kleinen Rand aufbiegt. Man vermischt etwas Glumst mit Zucker, aufgeweichten Corrinthen und Safran, womit man den Raum zwischen dem Rande füllt. Manche bestreichen ihn nun mit einem zerklopften Ei,